Dieter Esser   Liblar (Ober- und Unter-)

AF235169

Dieter Esser

Liblar

(Ober- und Unter-)

Wie ich lernte, die Heimat zu lieben

Gewidmet allen Liblarern, oben und unten

Das Titelbild zeigt den Autor mit seinen Eltern im Jahre 1954
auf dem Weg von Oberliblar nach Unterliblar ...

Ein besonderer Dank geht an Dr. Frank Bartsch, Archivar der
Stadt Erftstadt, für seine großzügige Unterstützung und
zahlreiche Anregungen

Bibliografische Information der Deutschen Nationalbibliothek:
Die Deutsche Nationalbibliothek verzeichnet diese Publikation
in der deutschen Nationalbiografie; detaillierte bibliografische
Daten sind im Internet über http://dnb.dnb.de abrufbar

© 2021: Dieter Esser

Lektorat und Layout: Martin Haeusler

Herstellung und Verlag: BoD - Books on Demand, Norderstedt

ISBN 9783754311974

Vorwort

Es gibt viele Gründe, seinen Heimatort zu verlassen. Für mich gab es aber immer mehr Gründe, das nicht zu tun. Heimat – ein großes Wort!

Heimat, das ist für mich die alte Frau, die in der Kirche immer an demselben Platz sitzt, das sind die Charakterköpfe in der Kneipe von Lieschen „Oma" Schwarz, das sind der SC Fortuna Liblar, die Klüttefunke und die Fidele Narrenzunft, das sind die Grubenarbeiter, die Tante-Emma-Läden, der Liblarer See, die Ville mit den Spuren der Braunkohlenvergangenheit.

Mein Liblar, mein Oberliblar, das sind keine Orte, für die irgendjemand Kurtaxe verlangen könnte, doch sie sind unverwechselbar wie die Menschen, über die ich in diesem kleinen Buch schreibe, damit sie nicht in Vergessenheit geraten.

Sollten die hier Beschriebenen Züge tragen, die über den eng umgrenzten Mikrokosmos hinausreichen, dann ist das durchaus beabsichtigt.

Beginnen soll unsere Reise mit einer sehr persönlich gefärbten Schilderung aus den fünfziger und sechziger Jahren des vorigen Jahrhunderts.

Dieter Esser im Juli 2021

Inhalt

Gruß aus Oberliblar bei Köln

Eine Kindheit – meine Kindheit

Der Weg war nicht weit. Aus dem Haus, ein wenig nach rechts, dann die Donatusstraße hinab. Leichter Regen. Hinter der evangelischen Kirche. Das erste Haus. Da war der einzige Kindergarten in Oberliblar. Nach ein paar Wochen der Eingewöhnung wurden wir nicht mehr von den Eltern zum Kindergarten gebracht, wir gingen alleine.

Tante Ursula – so nannten alle die Frau Pape – wartete schon auf uns. Jeden einzelnen empfing sie lächelnd. Sie nahm mir die kleine Umhängetasche ab. Aus irgendeinem Grund trugen wir sie immer vorn vor dem Bauch statt seitlich. Dann ging es hinein in die Gruppe.

Tante Ursulas Kindergarten war ein Ort der Freude. Kein Druck lastete auf uns. Wer schon etwas lesen konnte, der las. Niemand hatte es uns beigebracht. Wer gegen Bälle treten wollte, trat gegen Bälle. Niemand wäre in diesem Sommer 1956 auf die Idee gekommen, uns unsere Kindheit zu nehmen und uns schon bei Tante Ursula auf das Gymnasium vorbereiten zu wollen.

Der Kindergarten war evangelisch. Und wir Katholiken waren in der Überzahl. Die rheinisch-katholischen Eltern Oberliblars schickten uns Kinder ohne Ausnahme zu Tante Ursula. Ökumene war noch kein bekanntes Wort und doch wurde sie hier praktiziert. Und gelebt. Keinem von uns Vier-, Fünf- oder Sechsjährigen wurde irgendetwas aufgezwungen.

Wie meine Mutter mir später erzählte, gab es die „Stille Stunde", in der von Jesus erzählt wurde, aber nicht etwa vom katholischen oder evangelischen Jesus, sondern von Jesus. Von der Flucht nach Ägypten, von der Kreuzspinne, die den Eingang zur Höhle, in der sich die Heilige Familie versteckte, durch ihr Netz sicherte und deshalb das Kreuz auf dem Rücken trägt. Und vom heiligen Christophorus, dem Riesen, der den kleinen Jesus auf den Schultern durch einen Fluss trug und an der Last fast zerbrach.

Wer hätte auch verstanden, wenn es um die Fragen der heiligen Kommunion oder des Abendmahls gegangen wäre, um *substantia* oder *non-substantia*.

Unvergessen sind die kleinen Wanderungen über die Felder zum kleinen Wäldchen, dem „Tännehimmelchen", einem Waldstück, das heute zwischen dem Berta-von-Suttner-Weg und der Waldorfschule liegt. Immer zwei und zwei, so hieß es, zwei und zwei, Händchen haltend. Und Tante Ursula zeigte uns Blumen und Kräuter, benannte sie, und Käfer, benannte sie, und sie lehrte uns, auch das Kleine zu achten: „Stellt euch vor, ihr wärt ein kleiner Käfer und da kommt so ein Riesenfuß auf euch zu."

Nicht ohne Stolz, so erzählte mir Mutter, habe sie meine ersten schauspielerischen Versuche gesehen. Ich war der Jäger mit dem Schießgewehr, der irgendein Rotkäppchen – war es Christa? – und irgendeine Großmutter rettete. Märchen. Wir kannten sie alle. Sie wurden von Tante Ursula vorgelesen und keiner sprach ein Wort. Ob es damals auch schon ADHS-Jungen und Phosphatis gegeben hat, die mehr Aufmerksamkeit brauchten als andere? Oder konnten sie sich beim Fußball austoben oder auf der Straße?

Karneval 1957 im Kindergarten: Christa und Martin

Natürlich waren die Unterschiede da. „Und lehret die Mädchen und wehret den Knaben", heißt es schon in Schillers Glocke. Man musste uns Jungen wohl irgendwie zügeln, aber dabei Jungen sein lassen.

Und die langen Sommer. Auf der Straße wurde Federball gespielt. Ich erinnere mich, dass die Heidebroichstraße uns Kindern gehörte.

Autos? Ja, einer der Metzger hatte einen Opel, die Wäscherei einen Ford. Wir gaben respektvoll die Straße frei, unterbrachen unser Spiel, wenn eines dieser Autos vorbeifuhr. Ob sie eine Hupe hatten, weiß ich nicht. Jedenfalls wäre niemand auf die Idee gekommen zu hupen, damit wir schneller die Straße räumten.

Pro Stunde ein Auto. Maximal. Jedenfalls auf der Heidebroichstraße. Anderswo im Ort ging es schon anders zu. Die Bahnhofstraße oder den Schlunkweg hinauf und hinunter fuhren die Lastwagen mit den Briketts aus den beiden Kohlegruben und Brikettfabriken Grube Liblar und Grube Donatus.

Nur einer fuhr unbeirrt durch unsere Straße und durch alle anderen Straßen des Dorfs: Schmitze Matthes mit seinem Pferdefuhrwerk, der die Privathaushalte mit Kohle belieferte.

Auf dem Schlunkweg

Die Gruben schlugen den Takt in unserer Idylle. Die Werkssirenen heulten nach einem festen Plan, ich glaube morgens um sechs Uhr, mittags um zwei und abends um zehn. Dies gehörte zu unseren akustischen Reizen wie die Kirchenglocken von St. Barbara und den etwas feineren und selteneren der evangelischen Friedenskirche.

Wäsche wurde nur im Keller aufgehängt, konnte nur in geschlossenen Räumen aufgehängt werden, weil der Kohlenstaub aus den Kaminen der Gruben es nicht zuließ, sie draußen aufzuhängen. Wer es bei günstigem Wind trotzdem versuchte, musste vorher die Wäscheleine sorgfältig vom Kohlestaub befreien.

Die Gruben gaben bis zum Ende der 50er Jahre Hunderten von Menschen Arbeit und Brot. Hier arbeiteten Menschen, die Panizzolo oder Canicelli hießen oder Nowak und Jastrzembski. Die Familien waren schon Anfang des Jahrhunderts in unsere Gegend gekommen, Oberschlesier, Kroaten, Italiener - kohleerfahrene Arbeiter aus Teilen der Welt.

Die Gruben bedeuteten aber auch Arbeit für die einheimische Bevölkerung. Allein in unserer Straße, die zwischen Bahnhofstraße und Schlunkweg verlief, gab es in meiner Kindheit zwei Metzgereien, zwei Bäckereien, zwei Friseure, eine Wäscherei, einen Textilladen, eine Kneipe und ein Haushaltswarengeschäft.

15

Der Bahnhof Liblar war Dreh- und Angelpunkt. Gleise verliefen in alle Richtungen. Die Hauptstrecke verlief und verläuft heute noch zwischen Köln und Trier. Doch nur wenige Meter entfernt fuhr bis 1961 das Horremer Bähnchen über Köttingen, Brüggen, Mödrath bis nach Horrem.

Und noch ein Stück weiter vom Bahnhof entfernt, ungefähr da, wo heute der große Parkplatz am Bahnhof ist, begann die EKB, die Euskirchener Kreisbahn, eine private Schmalspurbahn, die bis 1955 Personen und Güter über den Bahnhof Frauenthal mitten durch Lechenich hindurch über Mülheim-Wichterich bis nach Euskirchen und Arloff transportierte, anschließend bis 1959 dann nur noch Güter: Zuckerrüben und Braunkohle.

Der Nebenbahnhof Oberliblar, von dem aus die Züge der Euskirchener Kreisbahn abgefahren sind - Ausschnitt aus einer Postkarte von 1905

Und dann die Winter. Mit Schnee und Eis. Die Bergstraße war unser Rodelparadies. Schon an der Kirche nahmen wir Anlauf, warfen uns auf die Schlitten, während die Vorsichtigeren es vorzogen, sitzend zu rodeln. Allerdings mündete die Bergstraße in den Schlunkweg, und gerade wenn man herrlich Fahrt aufgenommen hatte, hätte man abbremsen müssen, wenn ein Fahrzeug auf dem Schlunkweg aufgetaucht wäre. Aber da unten standen Erwachsene, selbst ernannte Rodelpolizisten, unter ihnen „der alte Schwingeler", der wahrscheinlich damals keine vierzig Jahre alt war, und regelten den Verkehr. Aber zu unseren Gunsten. Wenn kein Auto kam, standen sie seitlich auf dem Schlunkweg. Für uns ein sicheres, verlässliches Zeichen, durchbrausen zu können. Andernfalls winkten sie schon von weitem und bedeuteten uns abzubremsen.

An diesem Spiel war das ganze Dorf beteiligt. Erwachsene kamen hinzu, um zu „klaafe", was soviel heißt, wie sich zu unterhalten. Andere rodelten mit, verliehen dem Rodeln im wahrsten Sinne des Wortes mehr Gewicht und beschleunigten so unsere Abfahrten. Die Donatusstraße war zwar nicht so steil wie die Bergstraße, dafür aber länger.

Vielleicht wollten die Anwohner dieser um 1898 gebauten Straße, die sehr an die von D.H. Lawrence geschilderten Bergarbeiterdörfer erinnerte, nicht zurückstehen. Jedenfalls schütteten sie Wasser auf den harten Schnee. Der Frost machte die Donatusstraße zu einer breiten, langen Rodelbahn, die ebenfalls in den Schlunkweg mündete, wo wiederum Erwachsene standen und uns vor Autos warnten.

Über die Hierarchie der Straßen machten wir uns als Kinder keine Gedanken. Dass die freistehenden Häuser der Bahnhofstraße oder die Doppelhäuser des Schlunkwegs im Gegensatz zu den gelblich-dunkelbraunen Arbeiterhäusern der Donatusstraße irgendeine Bedeutung in Bezug auf den sozialen Status ihrer Bewohner hatten, wussten wir Kinder noch nicht. Im Übrigen wäre es uns auch völlig gleichgültig gewesen.

Und dann kam der Sommer. Schwimmen brachten uns die Väter bei. Sie fuhren auf aufgepumpten Gummireifen mit uns ein Stück auf den Zweisee, der heute Zwillingssee heißt und der damals noch längst nicht so eine sumpfig-eingewachsene Angelegenheit war, hinaus, schubsten uns behutsam ins Wasser und ließen uns das tun, was ihre Väter vermutlich schon mit ihnen gemacht hatten: Sie ließen uns ohne Hilfe versuchen, den Gummireifen zu erreichen.

Unter didaktischen Gesichtspunkten war das eine zweifelhafte Art des Schwimmenlernens, aber sie muss wohl in unseren Breiten erfolgreich gewesen sein.

Ich erinnere mich daran, wie über mir die Fluten zusammenschlugen, wie ich vorsichtshalber den Mund schloss und nach oben auf die grünliche Färbung des Wassers starrte, wo ich wie in einer verschwommenen Filmsequenz sah, wie zwei Meter weiter oben mein Vater auf meine Rückkehr wartete. Prustend und Zweiseewasser spuckend griff ich nach dem Reifen, den mein Vater aber immer wieder ein Stück weiter bewegte, so dass ich ihn nur „schwimmend" erreichen konnte. Stolz wurde von mir erwartet, Stolz, den Reifen endlich erreicht zu haben. Stattdessen ein Gemisch aus Survival-Feeling und Hass gegen den doch sonst so vorbildlichen, liebevollen Vater.

Zur Belohnung gab es die mitgebrachte Limonade, ein in der Sonne warm gewordenes Zuckerwasser. Ich wollte seit diesem Nachmittag nie wieder in irgendeinen See. Schwimmen habe ich bei diesem Erlebnis nicht gelernt, sondern erst viel später.

Das verdanken wir dem „Lido", wie wir den Liblarer See kosmopolitisch nannten. Der „Lido", noch kurz zuvor ein schwarzes, leeres Baggerloch, löste nach 1960 den Zwillingssee und den Silbersee als Bademöglichkeit ab und wurde unser Revier. Gab es einen Nachmittag, an dem wir uns im Sommer nicht dort trafen?

Butterbrote, die man in späteren Jahren aus hygienischen Gründen keinem Kind mehr angeboten hätte, sättigten unseren Hunger. Die „gute Butter" war nur noch eine hellgelbe Schmiere, die Sonne hatte aus den Broten Toastbrot gemacht - wir haben es überlebt.

Der Sommer dauerte in der Wahrnehmung von uns Kindern etwa sechs Monate, der Rest war Winter.

Die Volksschule in der Heidebroichstraße lehrte uns, was es heißt, katholisch oder evangelisch zu sein. Aus und vorbei waren die ökumenisch-entspannten Jahre im evangelischen Kindergarten. Es gab jetzt den katholischen Schulhof, auf dem nur katholische Lehrer Aufsicht führten, und den evangelischen Schulhof.

Was wollte man uns eigentlich damit klarmachen? Sollten wir, die katholische Mehrheit, dafür sensibel gemacht werden, dass „die da" so ganz anders waren als wir? Was hat man da in unsere Kinderköpfe pflanzen wollen?

Der Reiner, der nachmittags bei uns im Tor stand, war evangelisch. Das wussten wir, weil er morgens in der Schule „drüben" spielen und sein Pausenbrot essen musste. Wir mochten Reiner, nicht nur, weil er uns das Tor meist sauber hielt, sondern auch, weil er ein guter Typ war. Zu theologischen Fragestellungen kam es eigentlich nie bei unseren Fußballspielen und unseren ausgedehnten Walderoberungen.

Fußball auf dem damals noch unbebauten Grundstück Bahnhofstrasse 39
- ganz rechts im Bild „de Jong"

Die Lehrer. Viele waren es nicht, denn die katholische Volksschule Oberliblar hatte Ende der 50er Jahre nur vier, später dann fünf Klassen. Da mussten dann die armen Lehrkräfte Kinder aus der zweiten und der dritten oder von der fünften bis zur achten Klasse zusammen unterrichten. Immerhin, denn für die Evangelischen musste zeitweise eine einzige Klasse reichen. Manche unserer Lehrer, so hieß es später, hatten nur eine pädagogische „Grundausbildung" hinter sich gebracht. Danach durften sie unterrichten, und zwar alles. Rechnen, Schreiben, Naturkunde, Sport, Religion.

Heute kann sich kein Kind mehr vorstellen, was es bedeutet, auf einer Schiefertafel zu schreiben, die der Lehrer ständig kontrollierte. Bei Missfallen musste man alles auswischen und neu schreiben. Da kommt schon eine gewisse Vorsicht auf. Ich behaupte, viele von uns schrieben recht sauber, weil sie keine Lust hatten, alles mehrmals zu schreiben.

Aber was waren das für Lehrer, die mit dem Lineal auf unsere Hände einschlugen, wenn wir „unartig" waren? Warum durfte Lehrer W. mit dem Schlüsselbund nach uns werfen, wenn wir zu laut waren?

Disziplin wurde groß geschrieben. Keiner wäre auf die Idee gekommen, sich zu Hause über die Strenge der Lehrer zu beschweren. Die Antwort der meisten Eltern hätte gelautet: „Dann häss du dat och verdeent!"

Unsere Klassenlehrerin im ersten Schuljahr war Fräulein Hörter. Sie hatte bereits meine Mutter in der gleichen Schule unterrichtet. Es folgte Fräulein Schneider. Warum die Lehrerinnen alle Fräulein hießen, blieb uns verborgen.

Erster Schultag am 11. April 1958: Dieter und Martin

Nikolaus Becker, der Junglehrer, übernahm uns im vierten Schuljahr. Eines Tages, Anfang der sechziger Jahre, hat er meine Mutter zu sich rufen lassen. Nicht, weil ich „unartig" gewesen war, sondern um ihr zu eröffnen, dass er zwei Jungen aus seiner Klasse für geeignet hielt, ein Gymnasium zu besuchen, Martin und mich. Der Großvater und der Vater waren nicht begeistert. Sie waren Eisenbahner und für „de Jong" – so meine amtliche Bezeichnung – wäre das doch eine klare, sichere Option. Meine Mutter setzte sich durch. Gymnasium? Liblar hatte für den angehenden Abiturienten damals nichts zu bieten. Lechenich hatte ein sogenanntes Progymnasium, das aber nur bis zur 10. Klasse führte. Dann war da noch das Erftgymnasium in Bergheim – aber wie um Himmels willen sollte man nach Bergheim kommen? Nein, Gymnasium, das bedeutete in jener Zeit entweder am Bahnhof Liblar nach rechts, Richtung Euskirchen zu fahren, über Weilerswist, Derkum, Großbüllesheim, fernab der Heimat, oder nach links, Richtung Köln, dann aber nur eine Station, bis Kierberg.

Martins Eltern entschieden sich für links und überzeugten meine Eltern, ihnen zu folgen. Für mich hieß das: 6.30 Uhr aufstehen, 7.13 Uhr mit der Dampflok nach Kierberg, dann fast 1,8 km zu Fuß bis nach Brühl zum Gymnasium, dem altsprachlichen Gymnasium der Stadt Brühl, das damals eine reine Jungenschule gewesen ist. 1,8 km zu Fuß, das hört sich nicht viel an, für einen Elfjährigen aber ist das eine Menge. Bei jedem Wetter, im Winter morgens im Dunkeln.

Vorher aber galt es noch die Aufnahmeprüfung zu bestehen. Rechnen, Diktat, Aufsatz. Zehnjährige aus dem Umland versuchten sich an den nicht gerade einfachen Aufgaben. Martin und ich kamen durch und saßen bald zusammen mit Jürgen aus Bliesheim, Theo und Hermann aus Kierdorf und Winfried aus Köttingen neben all den Arzt- und Rechtsanwaltskindern in der Lateinklasse des Städtischen Gymnasiums Brühl. Ich sage nicht ohne Stolz, dass wir „einfachen Kinder" vom Dorf das Abitur ohne Sitzenbleiben geschafft haben, während die Rechtsanwaltskinder auf Internate mussten, um sich dort auf ihre spätere Rechtsanwaltskarriere vorzubereiten. Damals hörte ich zum ersten Mal von der Insel Spiekeroog. Ich wusste nicht, dass es sich dabei nicht um eine Gefangeneninsel, sondern um eine Internatsinsel für Besserverdiende handelt.

Ich glaube, wir Landkinder waren einfach fleißiger, weil unsere Väter sich Spiekeroog nicht hätten leisten können.

Immerhin war unser Gymnasialweg der Anfang einer breit angelegten Kampagne, um auch nicht wohlhabenden Kindern den Besuch einer höheren Schule zu ermöglichen. Das Schulgeld war ja drei Jahre, bevor wir auf das Gymnasium gewechselt sind, abgeschafft worden, alle Schulbücher, und das waren nicht wenige, mussten aber die Eltern bezahlen, die Monatskarte auch.

Es kommt eine gewisse Dankbarkeit bei mir auf, dass ich das Gymnasium besuchen durfte, auch wenn ich der Meinung bin, andere Jungen und Mädchen des vierten Schuljahrs von Junglehrer Becker hätten auch eine Chance verdient gehabt.

Doch nicht so schnell! Vor dem großen Sprung auf die weiterführenden Schulen gab es einen biografischen Meilenstein für etwa Achtjährige, dem man sich nicht entziehen konnte: der Kommunionunterricht.

Dieser Unterricht – der Rheinländer benutzt außer der Substantivverkürzung auch gern das verbindende „s": Kommjonsunterricht – lief so ab, dass wir ein vom Erzbischof persönlich autorisiertes kleines Heftchen bekamen, das neben Texten und vollständigen Bildern sogar Bildflächen zum Ausmalen vorsah. Uns interessierte besonders, was sich wohl hinter den grünen Blättern befinden mochte, die ausgerechnet Adams und Evas Mitte und bei Eva noch einen Teil unter dem Hals verbargen. So etwas setzt Fantasie frei.

Jedenfalls gelang es Pfarrer Hockelmann, uns auf den großen Tag vorzubereiten. Dazu gehörte natürlich auch die Beichte. Aufregend, aufregend. Schon die Fragen, die sich in dem Kapitel „Gewissenserforschung" im Gebetbuch fanden, waren sehr irritierend: „Warst du unkeusch, in Gedanken, Worten oder Werken? Allein oder mit anderen?" Oje, was musste sich der arme Pastor da wohl alles anhören. Der arme Pastor.

„Dies ist der schönste Tag in meinem Leben", hieß es auf den Schildern, die am Hauseingang des „Kommjonkinds" hingen. Mittig, oben, von grünen Kränzen und weißen Papierröschen umgeben, die sagen sollten: Hier wohnt einer, der gerade den schönsten Tag seines Lebens begeht. Der Erzbischof mag mir verzeihen, wenn ich hier erkläre, dass es noch andere schöne Tage in meinem Leben gab: bestandene Examina, Hochzeit, die Geburt meiner Kinder; ja auch mein erstes Rolling-Stones-Konzert in Köln ...

Kommunionjahrgang 1960

Der „schönste Tag in meinem Leben" begann damit, dass wir uns in Zweierreihen, natürlich nach Geschlechtern getrennt, eine halbe Stunde vor Messbeginn vor der Kirche aufzustellen hatten, den „Einzug" dreimal üben mussten, damit nur ja keiner aus der Reihe tanzt. Noch heute hört man von älteren Menschen den Satz: „Das war mein Kommjonspaar!" Logisch ist das nicht nachzuvollziehen, weil doch nur gemeint war, dass dieser oder jener neben mir gegangen ist. Mein „Kommjonspaar" war der Heinz, der es später zum Staatsanwalt gebracht hat.

Nervös und – wie man heute sagen würde – „fokussiert" achteten wir mehr auf unsere Schrittfolge und das Flackern der Kommjonskerze als auf das Geheimnis des Glaubens, das uns wenig später in die Gemeinschaft der einen, heiligen, katholischen Kirche aufnehmen würde. Wenn die Evangelischen wüssten, was ihnen da entgeht! Ich war ein wenig enttäuscht, als ich erfuhr, dass die Evangelischen ihr Fahrrad nur ein paar Jahre später bekamen, bei ihrer Konfirmation. Und die mussten nicht beichten, obwohl man mit vierzehn ja wohl eher Grund hätte, der Frage nach dem „Allein oder mit anderen" intensiver nachzugehen.

Dann wurden wir Messdiener, die meisten von uns. Wir stritten uns darum, morgens um 6.40 Uhr fröstelnd vor der Sakristei warten zu dürfen, bis Hubert Alef, der Küster und Organist, uns einließ. Ja, das gab's wirklich: die Frühmesse, täglich außer Samstag, 7 Uhr. Herr Alef hatte bereits die Kutten zurechtgelegt. Meistens, also an allen normalen Tagen des Jahres, zogen wir die roten Kutten an, im Advent und während der Fastenzeit kamen die violetten dran und bei Beerdigungen die schwarzen.

Es klingt makaber, aber Beerdigungen waren für uns Messdiener das Größte. Da sie meist am Vormittag stattfanden, bekamen wir schulfrei, durften Bus fahren, denn der Friedhof lag in Unterliblar. Von Oberliblar fuhr also alles, was vorher in der Kirche saß, mit dem Bus in die Köttingerstraße. Erst viel später begriff ich, was meine Mutter meinte, wenn sie sich über uns Kinder ärgerte und sagte: „Du brengs mich noch en de Köttinge Jass!"

Bei diesen Gelegenheiten lernte ich viel über das Verhältnis der Menschen zum Tod. Kaum war die ergreifende, schmerzhafte Beerdigung vorüber, setzten sich all die, die nicht zum Leichenschmaus im „Schwan" eingeladen waren, wieder in den Bus. Dort hörte ich Sätze wie „Dat wor ävve en schön Beerdijung!" oder „Häste de Paul jesinn? De hätt noch net ens en schwatze Botz ahn jehatt!", aber auch lebensbejahende Äußerungen wie: „So, ich moss jetz noch op de Kass un donoh enkoofe." Life must go on. Das prägt.

Einer der Höhepunkte im Kirchenjahr war Fronleichnam. Unvergessen sind schon die Vorbereitungen. Es begann damit, dass wir Kinder am Vortag mit Großeltern und Eltern mit Handkarren in den Wald zogen. Es dauerte oft Stunden, bis die Wagen mit Lupinen und anderen Blumen gefüllt waren. Das Lupinenabstreifen („Lupineströöfe") war ökologisch sicher bedenklich. Denn man streifte die meist violetten Lupinenblüten ab, warf sie in den Handkarren und ließ ein verödetes Gebilde von Halm zurück. Aber katholische Prozessionen verlangen nun mal Opfer, außerdem gab es in den 60ern Unmengen von Lupinen, weil die Rheinbraun die zur Beförderung der Rekultivierung überall ausgesät hatte.

Und wozu das Ganze? In den frühen Morgenstunden, und ich spreche von fünf Uhr morgens, herrschte eine Betriebsamkeit, die einmalig im Jahr war. Die Fronleichnamsprozession ging gegen 10 Uhr nach einem festgelegten Muster zu vier bis fünf Zwischenstopps. Dort standen die in den Nachtstunden aufgebauten hölzernen Altäre, an denen der Segen erteilt wurde. Erstaunlich war es für uns Kinder, dass Leute, die der Kirche eher fern standen, sich ebenso mit aller Kraft an dem Bau der Holzaltäre beteiligten.

Diese Stationen waren das Highlight der Fronleichnamsprozession. Birken waren geschlagen und links und rechts der Altäre aufgereiht worden. Die Holzstufen waren mit Teppichen ausgelegt und der Weg zu den Stufen mit Blüten übersät. Kunstvoll fand sich mitten in einem violetten Lupinenblütenteppich ein weißer Kelch aus Blüten, über dem – es war Ginster – eine gelbe Hostie schwebte, von der wieder weiße Strahlen ausgingen.

In mühevoller Arbeit waren alle Straßen mit Fahnen und Fähnchen versehen und die Hauseingänge oder Fenster mit religiösen Symbolen ausgestattet worden. Vor unserem Haus kamen die Blüten aus dem Handkarren zum Einsatz. Am oberen Ende der vier Eingangsstufen unseres Hauses hatte meine Großmutter ein Marienbild aufgestellt. Daneben eine Porzellanfigur der heiligen Barbara, der Schutzpatronin der Bergleute. Und dann war es so weit. Schon von fern war der „Baldachin" zu sehen, jenes goldgewebte Ungetüm von Stoffdach, das an vier Säulen von Schützen getragen wurde. Darunter schritt der Herr Pastor, die Monstranz fest von den Händen umschlossen. Davor und dahinter eine Menge von Messdienern, dahinter die aktuellen Kommunionskinder. Und dahinter der Kirchenchor vor dem Rest der Gläubigen. Ja, auch akustisch wurde einiges geboten: Der Kirchenchor sang, eine Kapelle spielte.

Fronleichnam 1955 vor dem Haus Bahnhofstrasse 41

Das Ganze hatte eine eigentümliche Würde, wie ich es später nur noch in der Karwoche auf Sardinien oder Spanien erleben konnte. Ich frage mich manchmal, ob diese Zeit nicht glücklicher war. Traditionen wurden bewahrt. Allerdings stelle ich mir auch vor, wie unser Torwart Reiner und die anderen Evangelischen auf unsere bunten Umzüge reagiert haben mögen. Und tags darauf wieder Routine.

Der „Milch-Köbes" mit seinem Wagen - um 1955

Jakob Rothkamp, genannt Milch-Köbes, fuhr mit seinem Wagen durchs Dorf. Zuerst mit einem Pferdewagen, später mit seinem Lieferwagen. Er verkaufte frische Milch, die er in unsere Milchkannen abfüllte, und Margarine oder Butter, die von großen Stücken abgeschnitten wurde. Dann und wann kaufte man bei ihm noch eine gute Portion Klatschkies, also Quark. Auch hier wurde die gewünschte Menge abgeschnitten und dann in Papier eingeschlagen.

Die Metzger in der Heidebroichstraße trieben Schweine in ihr Schlachthaus, die später als Würste im Laden hingen, der Briefträger rief schon von weitem, dass Helma und Erich in Rimini sind und geschrieben haben, weil er natürlich vorher kontrollieren musste, was er da an die Leute verteilte. Und wir Kinder?

Wir gingen natürlich wieder zum Liblarer See, zu unserem Lido, schwimmen. Vorher jedoch schickten wir Theo noch bei Zigarren Kanzler vorbei. Theo war schon dreizehn, hatte also keine Probleme, für uns

Zigaretten zu kaufen. Er war es übrigens auch, der uns aufklärte. Zur Tarnung kaufte er neben zwei Packungen Lloyd (mit jeweils fünf Zigaretten pro Packung zu 50 Pfennig) noch drei Zigarren – „auch für de Opa." So waren wir also ausgestattet mit allem Lebensnotwendigen: Der gelben Limo, den sich nach und nach auflösenden Butterbroten und Lloyd-Zigaretten.

Doch das Größte hatte Karl dabei: ein Kofferradio. In jenen Jahren gab es sicherlich mehrere Radiosender, aber bekannt war uns Kindern nur Radio Luxemburg.

Am Lido breitete man sich aus, die Bäume hinter den großen Freiflächen hatten gerade mal Mannsgröße erreicht, da sie ja erst wenige Jahre vorher, nachdem man das Erdloch zu einem See hatte volllaufen lassen, gepflanzt worden waren.

Wir positionierten unser Kofferradio so, dass die Mädchen auf den Nachbardecken es nicht nur hören, sondern auch sehen konnten, und hofften auf bewundernde Blicke.

Am Liblarer See 1962

29

Nun war es so, dass man rund um den See gehen konnte, ohne auch nur eine Minute frei von Radio Luxemburg zu sein.

Ich vergesse nie, wie der Hit des Jahres 1966, nämlich „The Sun ain't gonna shine anymore" von den Walker Brothers, aus Dutzenden Koffer-radios – die meisten hellblau, einige knallrot, manche pink – erscholl.

In welche Richtung man auch ging, der Song war da, im Multistereo-Lido-Surround-System. Aufmerksam lauschten wir vor allem donners-tags, wenn Radio Luxemburgs Jörg mit „Hits aus aller Welt" dran war.

Und dabei rauchten wir eine Lloyd.

Drei Weise aus dem Klüttenland

Die erste: Oma Weishaar

Es regnete. Oma Weishaar wohnte nur 400 Meter entfernt von uns im „Bahne-Huus", in dem Bahnbedienstete wohnten. Und sie wollte in die Kirche, wie jeden Tag, ob es stürmte, schneite oder eben regnete.

Sie hatte viel erlebt. Geboren 1902 erlebte sie zwei Weltkriege, an denen wir Deutsche nicht nur beteiligt waren. Am 13. Januar 1945 verließen meine Oma Therese Weishaar und ihr Mann Karl mit ihren drei halbwüchsigen Mädchen Maria, Anneliese und Resi fluchtartig das Haus in der Heidebroichstraße. Fliegeralarm. Angriff auf den Bahnhof Liblar. Nur 200 Meter bis zum Bunker am Bahndamm neben dem Stoffgeschäft Bensberg. Therese hatte es geschafft. Ebenso Maria – meine Mutter – und Anneliese. Großvater Karl stand im Eingang und rief der letzten Tochter, die sich noch auf der Straße befand, zu, sie sollte schneller rennen.

Die Tiefflieger näherten sich gnadenlos und Maschinengewehrkugeln aus den Bordwaffen hagelten auf die Heidebroichstraße nieder. Vor den Augen des Vaters wurde Resi tödlich getroffen. 13. Januar 1945.

Bombenschäden auf der Heidebroichstraße

Wie oft habe ich mir diese Situation bildlich vor Augen geführt! Wie sahen die folgenden Minuten aus? Ist mein Großvater zu seiner Tochter gelaufen? Natürlich. Ist er zusammengebrochen? Wie hat er es seiner Frau und den beiden Töchtern im Bunker beigebracht?

Erst viel später, als ich 16 oder 17 war, hat mein Großvater einen Satz gesagt, der sich in mein Gedächtnis eingebrannt hat: „Jung, es gibt nichts Schlimmeres, als hinter einem Kind im Sarg zu gehen …"

Ich versuchte, es zu verstehen, aber erst, wenn man eigene Kinder hat, begreift man die Tragweite dieser Worte.

Und man musste weiterleben. Für die anderen, für die Kinder. Es gab nach der Katastrophe, bei der es in Oberliblar übrigens 12 Todesopfer gegeben hat, ja noch den 14. Januar, den 15. Januar, den 16. Januar …

Ja, das hatte meine Oma als junge Frau erlebt, dann den Tod des Ehemanns, dann den Tod der zweiten Tochter Anneliese. *Media vita in morte sumus* – mitten wir im Leben sind mit dem Tod umfangen, wie es in der Übersetzung von Martin Luther heißt. Wie konnte man, wie konnte meine Großmutter bei all dem ihren Glauben an Gott bewahren? Gebet und Kirchgang bis zu ihrem Tod 1984 gehörten zu ihrer täglichen Routine. Sie hielt an Gott fest. Vielleicht auch Gott an ihr.

Zurück zum Regentag in Oberliblar. Oma Weishaar eilte von der Wohnung zur Kirche. Meine Mutter und ich standen zufällig an der Tür unter dem kleinen Schutzdach, als wir Oma auf der gegenüberliegenden Straßenseite in strömendem Regen ohne Regenschirm Richtung Kirche eilen sahen.

Entsetzt rief meine Mutter ihr zu: „Motter, et es doch am rääne!" – Mutter, es regnet doch!

Ihre lapidare Antwort werde ich nie vergessen: „Och, dat Mietste jeed donevve!" - ach, das Meiste geht doch an einem vorbei!

Was ist gegen solchen Tiefsinn die platonische Philosophie! Oder was würden die Stoiker – von Zenon bis Seneca –, die in ihren Schriften versuchten, die Menschen gegen Schmerz und Todesangst zu wappnen, zu diesem Satz sagen?

32

Von allem, was einem zustoßen kann, trifft uns meistens nur wenig: „Dat Mietste jeed donevve!"

Weniger philosophisch als vielmehr realitätsbewusst und pragmatisch verhielt sich Oma Weishaar in einer anderen Situation.

Oma Weishaar, Dieter (auf dem Arm), Opa Karl 1954

Sie war, wie erwähnt, Katholikin durch und durch. Nicht, dass sie sich je negativ über die Evangelischen geäußert hätte, aber ihre Konfession war nun mal die römisch-katholische. Was mich immer irritiert und mit zunehmendem Alter auch gestört hat, war, dass sie vom „Herrn Pastor" immer als „de Herr" gesprochen hat. „Der Herr" war für uns Kinder der Herr Jesus. Wie hieß es in dem alten Gebet: „Soll niemand drin wohnen als Jesus allein." Die Tatsache, dass meine Oma den Priester als „der Herr" bezeichnete, war für mich ein Zeichen unangemessener Unterwürfigkeit. Aber so war sie nun einmal. Und dieser alten Dame, die zeitlebens der katholischen Kirche die Treue gehalten hat, musste ich eröffnen, dass ich, der katholische Jung, eine evangelische Freundin habe – die dann auch später meine Frau geworden ist. Ein, so schien es mir, schwieriges Unterfangen.

„Also, Oma", begann ich etwas unsicher, „ich hab ja jetzt dat Mädche aus Unterliblar." Auf ihre Reaktion wartend, rutschte ich etwas ungeduldig auf dem Sessel, der mit Schonerdeckchen am Kopfteil ausgestattet war, hin und her. Als ihre Reaktion ausblieb, setzte ich nach: „aber ... dat Mädche ist evanjelisch."

Ohne zu zögern sprach sie: „Ach Jung, dat sinn doch och Minsche" – ach Junge, das sind doch auch Menschen! Ein etwas doppelbödiger Satz, der Verständnis und Großzügigkeit, aber auch ein Gefühl der Überlegenheit beinhaltet. Dass sich meine Oma mit „däm Mädche" später sehr gut verstanden hat, war jedenfalls nach diesem Satz schon abzusehen.

Nur ein einziges Mal habe ich Oma Weishaar ratlos gesehen. Einen Augenblick lang stellte sie die Autorität der katholischen Kirche infrage. Und das kam so:

Nie hatte sie darüber gesprochen. Meine Eltern wussten nichts von dem Vorfall, den mir Oma Weishaar viel später anvertraut hat.

Ihr Mann, mein Opa Karl, Arbeiter auf Grube Liblar, war Anfang der dreißiger Jahre arbeitslos geworden. Wie sollte es weitergehen? Also trug Oma Weishaar, um die Familie mit den drei kleinen Mädchen durchzubringen, die Zeitung aus. Aber nicht irgendeine Zeitung, sondern die einzige Möglichkeit, etwas Geld zu verdienen, bestand darin, den „Westdeutschen Beobachter" auszutragen, eine traditionsreiche Tageszeitung, die 1933 von der NSDAP übernommen und „auf Linie" gebracht worden war. Nicht nur ihrem Mann, der eher zu sozialdemokratischem Gedankengut neigte, war das ein Dorn im Auge, sondern auch sie selbst hatte kein gutes Gefühl dabei. Aber die Not ließ ihr keine Wahl.

Nach dem Ende der Nazi-Herrschaft wollte sie ihr Gewissen entlasten und ging zur Beichte. Da es in Oberliblar bis Mitte der fünfziger Jahre nur eine Notkirche gab, ging sie nach Unterliblar – so sagte man damals – und fiel, ich muss es so krass ausdrücken, Dechant Linden in die Hände.

Als sie im Beichtstuhl niederkniete und „dem Herrn" Dechant Linden ihre Not und die Sache mit dem „Westdeutschen Beobachter" beichtete, warf er ihr folgenden Satz entgegen: „Tja, liebe Frau, mitgefangen, mitgehangen."

Das war, wie man die Sache auch dreht und wendet, nicht gerade einfühlsam von einem Seelsorger, selbst wenn man bedenkt, dass Josef Linden es während der Nazi-Zeit durchaus nicht leicht gehabt hatte. Als Unterstützer der „Katholischen Aktion", einer kirchlichen Gruppierung, die sich gegen den Nationalsozialismus engagiert hat, war er den neuen Machthabern ein Dorn im Auge. Er hat in jahrelangen Prozessen versucht, das Liebfrauenhaus in Liblar vor dem Zugriff der NS-Organisationen zu bewahren, zwei seiner Kapläne sind von der Gestapo verhaftet worden. Und am Ende musste er noch mit ansehen, wie „seine" Kirche St. Alban von deutschen Soldaten unter Führung eines SS-Offiziers im „heldenhaften Abwehrkampf" in Schutt und Asche gelegt worden ist.

Aber trotzdem: Statt Oma Weishaar zu entlasten, machte er ihr den Vorwurf, das Regime unterstützt zu haben. Jahrzehnte später sagte ein Schüler aus meiner Lateinklasse, dass er im Dechant-Linden-Weg wohnte. Ich gebe zu, ich wollte es. Ich erzählte der Klasse die Geschichte von Oma Weishaar und dann das Verdikt des frommen Mannes.

Nur mit Mühe konnte ich die Schüler davon abhalten, sich an städtischem Eigentum zu vergreifen und die Straßenschilder mit dem Namen des einfühlsamen Dechants abzuschrauben. Hätte ich sie gewähren lassen sollen?

Aber dann dachte ich wieder darüber nach, was für armselige Gestalten es auch in der katholischen Kirche gab, Männlein, die beim Sport vermutlich immer als letzte gewählt wurden, die sich dem Problem mit den Frauen durch den Zölibat entzogen und lieber bunte Gewänder trugen, als sich dem wahren Leben zu stellen. Der Dechant ruhe in Frieden. Möge der Herr ihm vergeben!

Wie wohltuend und menschlich waren dagegen die Priester, die von 1960 an Sankt Barbara leiteten: Matthias Hockelmann und sein Nachfolger Winfried Jansen. Aber davon mehr an anderer Stelle.

Prozession auf der Heidebroichstraße 1931

Der zweite: Lorenz Bühl

Lorenz Bühl war der Inhaber des Ladens „Bühl hat alles" mitten auf der Heidebroichstraße. Er hatte wirklich alles in seinem Laden: Von 45er Schallplatten – sogar die aktuellsten Titel wie Nancy Sinatras „These Boots are made for Walking" habe ich 1966 dort gefunden – über Töpfe und Pfannen bis hin zu Bürobedarf und Zigaretten.

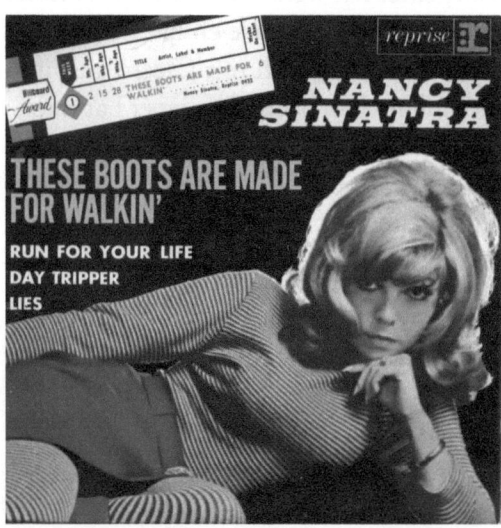

Gespräche mit ihm waren anstrengend. Er forderte sein Gegenüber auf geradezu sokratische Art heraus. Wenn ich kam, Hefte oder Stifte oder Tinte brauchte, verwickelte er mich in ein Gespräch über Arm und Reich, die Kulturen Afrikas, ja sogar Umweltprobleme, die erst 20 Jahre später überhaupt das Interesse einer breiteren Bevölkerung fanden.

Ihm verdanke ich Einblicke in Naturheilverfahren, esoterische Philosophie, Religionsgeschichte und vieles andere. Er kannte sich in philosophischen und soziologischen Fragen aus.

Oft verließ ich – selbst als Student – den Laden beschämt über mein Unwissen. Es kam vor, dass er mich mit einer Seite, die er aus einer

Zeitschrift ausgerissen, oder einem Artikel, den er sorgfältig ausgeschnitten hatte, überraschte. Zuerst kam ein etwa fünfminütiger Einführungsvortrag, dann erst bekam ich seinen neuesten Fund überreicht. Darunter waren Zeitungsschnipsel wie „Was die Handschrift über uns aussagt", „Ist Gott tot?" oder „Das Handwerk – die Philosophie unter den Tätigkeiten".

Jeder Artikel sollte mir irgendetwas sagen, mich „weiterbringen", wie Lorenz Bühl sich ausdrückte. Ich weiß nicht, welche Ausbildung er hatte, vermutlich eine kaufmännische Lehre wie einige seiner Geschwister. Aber woher in Gottes Namen kannte er sich mit Cicero aus, mit Leibniz oder Freud? Bis heute hat er meine Hochachtung, ja, er hat mich wohl tatsächlich „weitergebracht".

Nur hundert Meter weiter, auf der anderen Straßenseite, arbeitete ein anderer Philosoph.

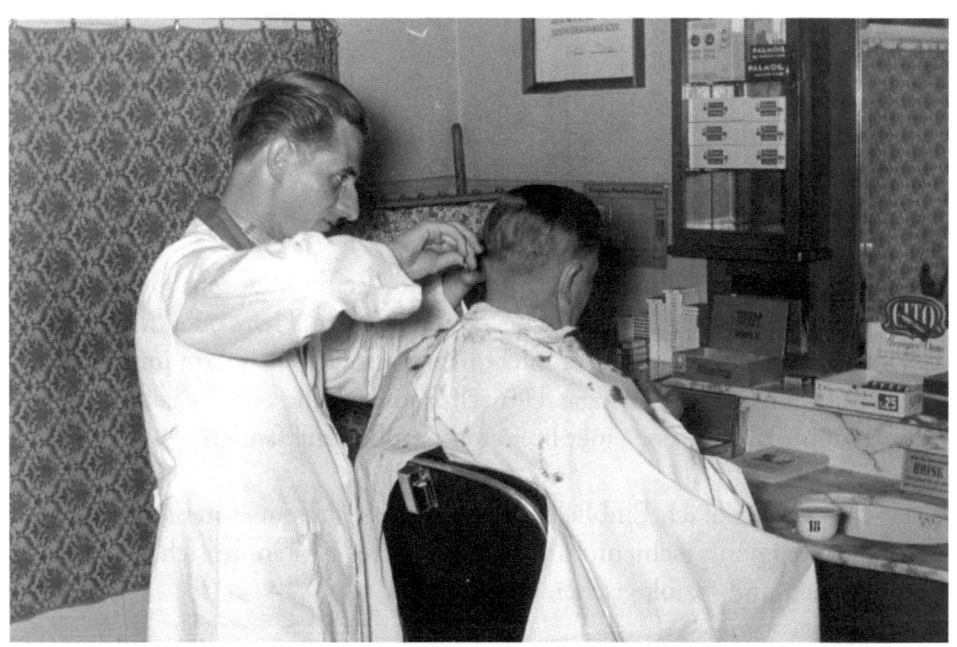

Salon Dappert am 02.10.1953 -
Historisches Archiv der Stadt Erftstadt, Best. D 02 (Nachlass H. Dappert)

Der dritte: Heinrich Dappert

1935 – da war er 14 Jahre alt – hatte man Heinrich in die Lehre gegeben. Er sollte Friseur werden. Und er wurde Friseur. Er führte den Betrieb seines Lehrmeisters weiter. Und nicht nur sein Laden, der schräg gegenüber von meinem Elternhaus lag, florierte, sondern auch ein zweiter in der Heidebroichstraße. Er lag nur zweihundert Meter weiter als Heinrichs „Herrensalon". Dass beide Salons florierten, lag daran, dass vor allem Arbeiter der beiden Braunkohlengruben vor oder nach ihrer Schicht sich von Heinrich die Haare schneiden ließen.

Der Salon wäre nicht weiter erwähnenswert, wenn der Friseur selbst nicht ein so interessanter Mann gewesen wäre. Niemand von den Grubenarbeitern oder den anderen Kunden hatte auch nur die leiseste Ahnung, womit sich Heinrich, den sie oft herablassend „et Heinche" nannten, beschäftigte.

Als Kind wusste ich auch nichts davon. Wir holten uns unsere „Pottfrisur" ab – bis zur Schädeldecke nur noch ein paar Millimeter Haar, oben etwas mehr – und hatten wieder etwas Ruhe, bis die Mütter uns Kinder wieder zum Haareschneiden schickten. Mit zunehmendem Alter rutschten wir in die Beatles-Zeit und Heinrichs Schnitt war für uns tabu.

Wir mussten als Messdiener und „höhere Schüler" einen Kompromiss finden zwischen Beatles und Pottschnitt. In meiner Klasse im Gymnasium Brühl trauten sich nur zwei meiner Mitschüler, der Stephan und der Georg, die Haare so zu tragen, wie es die Rockstars vormachten. Natürlich gründeten sie auch eine Beatband.

Aber in Oberliblar ließen wir die Haare nur minimal über die Ohren wachsen. Mehr durften wir nicht. Alles andere hätte als Rebellentum gegolten. Also gingen wir etwas seltener zu Heinrich, lasen dort die „Bravo" neben den Männern, die die „Praline" durchblätterten, auf die wir auch verstohlen schielten, denn die Bilder in der „Praline" galten damals als unerhört freizügig.

Heinrich beobachtete dies alles in seinem riesigen Spiegel und ich stellte mir vor, dass der kleingewachsene Friseur mit der großen Nase, der

bis auf sein immer mit viel Pomade frisiertes Haar auch als Franziskaner-
mönch hätte durchgehen können, die Welt über den Umweg des Spiegels
betrachtete, musterte, analysierte und daraus seine Schlüsse zog.

Ich war mittlerweile Student, studierte Englisch, Latein und Philosophie und saß wieder einmal auf dem altmodischen Friseurstuhl, an
dessen oberen Ende eine Rolle mit Krepppapier (mit 3 „p" laut Duden)
angebracht war. Mit dem Abreißen dieses Krepp-Papiers (laut Duden die
Alternative zu den 3 „p") begann jeder Haarschnitt. Das Papier wurde um
den Hals gelegt und haftete irgendwie, so dass das Eindringen von Haaren
in den Nacken oder auf die Brust verhindert wurde. Dann erst wurde der
Umhang umgelegt und Heinrich begann.

Heinrich sah also immer nur Köpfe und im Spiegel die Gesichter. Er
war ein guter Beobachter der menschlichen Psyche, aber warum ich Heinrich zu den beiden anderen Philosophen zähle, hat einen anderen Grund.

*Salon Dappert am 07.04.1961 - Foto: Heinrich Dappert, Historisches Archiv der
Stadt Erftstadt, Best. D 02 (Nachlass H. Dappert)*

Er fragte mich nämlich eines Tages, womit ich mich in Latein zur Zeit beschäftigte.

Was sollte ich diesem Menschen, der doch, wie ich wusste, nur die 8-klassige Volksschule besucht hatte, jetzt antworten? Also entschied ich mich für eine sehr allgemeine Antwort:

„Mit römischer Literatur."

„Mit Prosa oder Dichtung?", fragte er.

„Mit Dichtung", meinte ich und dachte, das Thema sei damit beendet.

Doch dann stockte mir fast der Atem, als Heinrich mich fragte:

„Mit Ovid, Vergil oder Horaz?"

„M ... Mit ... Horaz", antwortete ich stotternd.

„Mit den Oden oder den Briefen?"

„Mit den ... Oden."

„Kennst du das Gedicht mit dem Carpe Diem?"

Ich war so perplex, dass ich ein paar Sekunden brauchte, bevor ich antwortete:

„Ja, Gedicht I, 11."

„Der Horaz ist klasse", sagte er, „aber warte ..."

Er legte Kamm und Schere hin, bückte sich, öffnete das Schränkchen rechts vor mir und zog mehrere Reclambände hervor. Er legte die oberen drei zur Seite und hielt mir das Bändchen „Horaz, Oden und Epoden – lateinisch und deutsch" unter die Nase. Dann sagte er, halb Kölsch sprechend: „Dat muss prima sinn, wenn mer dat op Latein lesen kann."

Wer war dieser Heinrich, den die meisten Kunden nicht ernst nahmen? Im Gegenteil: Man verspottete ihn, den Einzelgänger, der bei Wind und Wetter mit seinem Fahrrad von Blessem bis hinauf nach Oberliblar fuhr.

Die Gespräche, die ich mit Heinrich führte, ließen mich oft ratlos zurück. Er kannte und nannte Namen, von denen ich die meisten mit meinen 23 Jahren nur zufällig oder überhaupt noch nicht gehört hatte: Kierkegaard, Leibniz beispielsweise. Dann fragte er mich, ob ich Fontane gelesen hätte. Hatte ich nicht. Brentano? Auch nicht. Musil? Auch nicht. Dieser „einfache" Mann besaß Kenntnisse, die mich fassungslos machten.

Wir wurden Freunde. Da ich einige Jahre später mit meiner Frau an das Elternhaus einen Anbau hatte bauen lassen, wohnte ich wieder, wie in meiner Kindheit, 30 Meter schräg gegenüber von Heinrichs Friseursalon. Er besuchte uns oft, sprach mit meinen kleinen Söhnen, brachte ihnen immer Süßigkeiten mit.

Und er lud mich ein, ihn in Blessem zu besuchen. Sein Fachwerkhaus auf der Hauptstraße war so klein, dass es für meine 2,03 m eine gewisse Herausforderung darstellte.

Während Heinrich Kaffee machte – natürlich auf die bewährte Weise mit Papierfilter –, konnte ich seine Bibliothek bestaunen: ganze Wände voller Bücher: Architektur, Kunst, Fotografie und Literatur geordnet nach Ländern(!).

Das war Heinrich, der Philosoph hinter dem Friseurthron ...

Karneval 1962 - im Hintergrund ist das Schild vom Salon Dappert zu sehen

Unsere Sprache 1: Tust Du ... ?

Zur Eigenheit der rheinischen Kommunikation gehört die – wie ich sie einmal nennen möchte – „Bestätigungsfrage". Ein Beispiel:

In der Heidebroichstraße ließ ich für unseren Anbau eine Fuhre Sand kommen. Nach dem Abkippen lag der Sand auf dem Bürgersteig und ragte ein wenig in die Straße hinein. Meine Arbeit bestand nun darin, eine Schubkarre zu füllen, sie über Bretter zum Anbau zu schieben und dort abzuladen. Das Ganze so lange, bis auch der letzte Sand am richtigen Ort war.

Nun mag man meinen, das sei zwar eine recht Kraft raubende, aber überschaubare Aufgabe, die man halt erledigen muss.

Aber da der Rheinländer, also auch der Oberliblarer und Unterliblarer, ein kommunikativer Mensch ist, kommt es bei einer solchen Tätigkeit zu häufigen Unterbrechungen, die von der anderen Straßenseite ausgehend immer die gleiche Struktur haben.

Als erster kam der alte Reitz vorbei:

„Och Jung, dehste Sand fahre?" (Och, tust du Sand fahren?)
„Jo, Herr, Reitz."
„Jo, dann."
Ende der Kommunikation.

Offensichtlich gelingt es dem Oberliblarer nicht, wortlos vorbeizugehen. Nein, er kommentiert nun das Offensichtliche, aber in Form einer Frage, die immer die gleiche Struktur hat, nämlich „tust du" plus Infinitiv.

Diese Struktur lässt sich beliebig füllen, etwa „tust du Steine schleppen?" oder „tust du der Auto waschen?" Bei Letzterem ist noch festzuhalten, dass das Auto in Oberliblar und Umgebung männlich ist: „Der Auto" heißt es, und zwar gleichlautend im Nominativ wie im Akkusativ.

43

Das entspricht einer gewissen Logik, denn ein VW ist ebenso männlich wie ein Mercedes. Nur unbedeutende Kraftfahrzeuge sind weiblich, beispielsweise „die Isetta".

Das Ganze ist natürlich Kommunikation um der Kommunikation willen, in der Linguistik seit Bronisław Malinowski „phatische Kommunion" genannt. Und das ist, auch wenn meine Oma das sehr verwundert hätte, kein Tippfehler: „Kommunion" heißt es, nicht „Kommunikation".

Für wissenschaftlich Interessierte sei noch angemerkt, dass die Einleitung der Bestätigungsfrage der englischen Grammatik entspricht, die auch ein „do you" verlangt. Na ja, wie wir alle wissen, entstanden sowohl die germanischen Dialekte als auch das Englische aus einem urgermanischen Substrat, woher sich auch die vielen Parallelen erklären lassen. Ein schönes Beispiel dafür ist das englische Wort „seek" für suchen, das der Rheinländer sofort erkennt, da er doch „ich sööke" zu sagen pflegt. „Seek" und „sööke" haben noch das „k", während das neuhochdeutsche „suchen" bekanntlich kein „k" mehr hat – zweite germanische Lautverschiebung nennt man das.

Von noch ganz offensichtlicheren Parallelen ganz zu schweigen, nur noch ein Beispiel: Der „Apfel" hat im Englischen wie im Rheinischen ein Doppel-„p" behalten: „Apple" und „Appel", bei der Mehrzahl haben wir dann sogar das „ä", denn wir kaufen ein Pfund „Äppel".

Und so geht es Tag für Tag. Wenn Maria die Fenster putzt, fragt gegenüber Frau B.: „Maria, och, beste am Fensteputze?" Im Englischen wäre das: „Oh, are you cleaning the windows?"

Aber auch die englische Verlaufsform: „You are working" oder „she is swimming" versteht niemand besser als der Rheinländer, der auf die Frage: „Watt määste?" (Was machst du?) ohne zu zögern antwortet: „Ich bin am ärbede", was soviel heißt wie „ich arbeite gerade" und dem „I'm working" des Engländers entspricht.

„Och Jung, dehste Klütte fahre?" - auf der Bahnhofstraße 1957

Damals jedenfalls, als der Anbau fertig gestellt werden sollte, sagte ich zu jedem, der vorbeikam: „Ich bin am Sand fahre". Und als nach drei Stunden Arbeit der Sandhaufen immer noch nicht wirklich kleiner geworden war, hätte ich sagen müssen: „Ich bin am verzweifele" – aber das sagt man natürlich nicht, denn dann wäre es ja keine phatische Kommunion der rheinischen Art.

Ne Jang dorch et Owwerdörp

Dass die Erzählungen meines Begleiters in unserem Platt geschrieben sind, hat zwei Gründe: Erstens wollte ich einmal sehen, wie viele Leser noch in der Lage sind, das zu verstehen, und zweitens ist das „Kölsch" meines Dorfführers einfach herrlich.

Da es für das rheinische Platt keine einheitliche Schreibung gibt, keine Autorität, die Regeln festsetzt, schreibe ich, sagen wir mal, „phonetisch", das heißt, ich schreibe nach Gehör.

Sollte jemand nichts verstehen, keine Angst: Sicherheitshalber finden Sie auf der gegenüberliegenden Seite eine Übersetzung.

Links ging es zur Schranke, rechts zum Bahnhof - 50er Jahre

Wir fingen mit unserem Spaziergang am Bahnhof an und gingen auf der Bahnhofstraße weiter bis zu der Stelle, wo die Bahnhofstraße eine Linkskurve macht.

„Heh links, wo jetz de Parekplatz es, stonde, isch jlööv et woren vier, Hüüse, Hüüse von de Jemeend. He rääts jing et no de Gruub, Grube Liblar. Ävve du moots an de Bajeer waade."

Ich musste nachfragen, was „Barjeer" ist. „De Barjeer, Jeck", sagte er, „dat es de Schranke von de Iisebaahn."

Die gleiche Stelle - Ende der 60er Jahre

Übersetzung:

Ein Gang durch das Oberdorf

Wir fingen mit unserem Spaziergang am Bahnhof an und gingen auf der Bahnhofstraße weiter bis zu der Stelle, wo die Bahnhofstraße eine Links-kurve macht.

„Hier links, wo jetzt der Parkplatz ist, standen, ich glaube, es waren vier, Häuser, die der Gemeinde gehört haben (davon sind keine Spuren mehr vorhanden). Hier rechts ging es zur Grube, der Grube Liblar. Aber da musste man an der Bahnschranke warten."

„Dann do erenn, en de Jruubenwääsch, wo jetz hinge de Bierjaade es, e Stöck wigger, do wor en Äschekipp. Un isch kann de saaje, dat wor en Kipp. Alles hann se do erennjeschmesse: Autoreefe, Batterie, de janze Kroom. Isch hann emme jedaach: eenes Daachs lööf dat janze Jeff en de See. De es jo net wick fott."

Nun gingen wir ein Stück weiter und auch sein „Verzäll" ging weiter:

„He, luur ens, dat Huus steiht emme noch, äwwer do sinn jo höck nur noch Wonnunge drin. He op de linke Sick unge wor janz fröher e nommaal Jeschäff für Lebensmittel drenn. Donooh de Zijarren Kanzler. Dat weeß de jo selevs: De hätt met nix jet am Hoot jehatt un hätt och Zerette un Tabak an Pänz verkoof."

Wir ließen den Sportplatz rechts liegen und schon blieb er wieder stehen.

Bahnhofstr. 83: Konsum und Zigarren-Geschäft im Gewerkschaftshaus um 1928 (Historisches Archiv der Stadt Erftstadt, Best. E 01 Oberliblar)

„Die Straße, die hier abzweigt, der Grubenweg, die führt heutzutage zum Biergarten. Ein Stück hinter dem Biergarten, da war die Mülldeponie. Ich kann dir sagen, das war eine Müllkippe! Da haben sie alles einfach hineingeworfen: Autoreifen, Batterien, das ganze Zeugs. Ich habe immer gedacht: Eines Tages läuft das Gift aus dem Müll-Loch in den Liblarer See. Der ist ja nicht weit entfernt."

Nun gingen wir ein Stück weiter und auch sein „Verzäll" ging weiter:

„Hier, sieh mal, das Haus steht immer noch, aber darin befinden sich heutzutage nur noch Wohnungen. Hier auf der linken Seite (Nr. 83) befand sich ganz früher ein Lebensmittelgeschäft. Dann der „Zigarren Kanzler". Das weißt du ja auch: Die haben mit nichts was am Hut gehabt damals und auch an Kinder Zigaretten und Tabak verkauft."

Wir ließen den Sportplatz rechts liegen und schon blieb er wieder stehen.

Um 1970: Im Hintergrund sieht man die qualmende Müllkippe

Erzähl doch noch etwas über die Glückauf-Halle, bat ich ihn.

„Su, jetz pass op. Heh, wo jetz de Josef-Zimmermann-Strooß erenn-jeeht, do wor de Jlück-auf-Hall un derek donewwe de Weetschaff vum Hauser und dann vum Panizzolo. Wat meenste, wat mir do ene Spass jehatt hann! Do hattense en Zick lang jo och dat Kino drenn, äwwe dann wuud die afjeresse. Als kleene Fetz wor ich he op de Fasteloovendssitzung für Pänz. Dat weeß isch noch jenau.

Un isch kann misch noch jenau entsinne, wat heh Kirmes losswoor. Vüür em Sportplatz wor de Kirmes, e paa Buude, en Scheeßbuud, e Karessell und, wenn et huh koom, Enk de Fuffzijer en Scheffschöggel un de Raup. De Raup war et Beste, die spellte de beste Mussikk, RockenRoll un sujett. Un die Type, die an de Raup ärbedde däte, die konnten Konnsstöckcher. Die spronge während de Faat op de Raup, dann wedde eraff, dat wor jet für uns Pänz."

Die Glückauf-Halle ist um 1970 Jahre abgerissen worden (Foto nach 1930)

Auf diesem Bild, das um 1930 vom Turm des alten Bahnhofs aus aufgenommen worden ist, sieht man deutlich, wie klein Oberliblar damals war

Erzähl doch noch etwas über die Glückauf-Halle, bat ich ihn.

„So, jetzt pass auf: Hier, wo jetzt die Josef-Zimmermann-Straße einmündet, da befand sich die Glückauf-Halle und direkt daneben die Kneipe des Herrn Hauser, später von Herrn Panizzolo (abgerissen, keine Spuren mehr vorhanden). Du glaubst nicht, wie viel Spaß wir in dieser Kneipe hatten! Da, wo die Glückauf-Halle war, da war auch eine zeitlang das Kino. Später ist alles abgerissen worden. Als kleiner Junge habe ich in der Glückauf-Halle an einer Karnevalssitzung für Kinder teilgenommen. Das weiß ich noch genau.

Ich kann mich auch noch genau daran erinnern, was hier los gewesen ist, wenn Kirmes war. Die Kirmes hat auf dem Platz vor dem Sportplatz stattgefunden. Ein paar Buden, eine Schießbude, ein Karussell und allenfalls – so Ende der fünfziger Jahre – eine Schiffsschaukel und eine Raupe. Die Raupe war das Beste, dort spielte man die beste Musik, Rock 'n' Roll und ähnliches. Und die Typen, die für die Raupe gearbeitet haben, die machten Kunststückchen: Die sind während der Fahrt auf die Raupe gesprungen und dann wieder herunter. Das war was für uns Kinder!"

„Dat Schlemmste für uns Pänz wor net de Nubbelverbrennung am Fasteloovendsdienstaachoovend, nee, dat Schlemmste – un isch konnt kaum hinluure – wor dat Haahnehköppe. Dat hannse jo dann verbodde, wäjen Tierquälerei.

Also doh stooch ene Hahn, dä noch am Levve wor, en enem Koref. Nur de Kopp däät onge erusluure. Dann wooden eenem no em andere de Ooje verbunge. Und ä kreet ene Zabel."

Ich musste nachfragen, was „ene Zabel" ist.

„Ene Zabel, ene Säbel. Un domet hätt dä dann versöök, dä Kopp aff-zeschlaje. Manchmool duurte datlang, bes et eene jeschaff hat, dä Kopp ze treffe. Nee, dat wor nix für misch.

Äwwe de Weetschaff wor joot. Isch weeß noch, wie die do drenne emme met dem ärme Poleziss ömjejange sinn. Mir hatte jo noch ene Dörpspoleziss. Dä däät och ens jään ene drenke. Un mietstens es et dä Ärbeddslöck och jejlöck, denne affzefülle. Dann nohme die dem de Kapp aff un de ärme Kääl leef hinge der Hanake her für sing Kapp ze krieje. Un off jing dä Poleziss erus und hat de Kapp vekiert eröm aan.

Bahnhofstraße mit Brikettfabrik im Hintergrund - um 1960

„Das Schlimmste für uns Kinder war die ‚Nubbelverbrennung' am Karnevalsdienstag gegen Abend, nein, das Schlimmste – da konnte ich kaum hinsehen – war das Hahneköppen. Das ist dann verboten worden wegen Tierquälerei.

Das ging so: In einem Korb befand sich ein noch lebender Hahn, und zwar so, dass unten aus dem Korb der Kopf des Hahns heraushing. Dann wurde einem nach dem anderen die Augen verbunden und ein Säbel in die Hand gedrückt.

Und mit diesem Säbel hat dann der, der an der Reihe war, versucht, dem Hahn den Kopf abzuschlagen. Manchmal hat das lange gedauert, bis jemand es geschafft hat, dem Hahn den Kopf abzuschlagen. Nein, für mich war das nichts.

Aber die Kneipe, die war gut. Ich kann mich noch erinnern, wie man in der Kneipe einmal mit dem armen Polizisten umgesprungen ist. Wir hatten ja noch einen Dorfpolizisten. Der hat auch gerne einen gehoben. Und oft ist es den Arbeitern geglückt, ihn abzufüllen. Dann haben sie ihm die Polizistenmütze abgenommen und der arme Kerl musste den Leuten hinterherlaufen, um seine Kopfbedeckung zurückzubekommen. Oft hat er auch die Kneipe verlassen und hatte die Mütze verkehrt herum auf dem Kopf.

Gastwirtschaft Panizzolo auf der Bahnhofstraße - ca. 1950

Dat dat jetz „Zimmermann-Strooß" heeß, dat es joot, denn dä Zemmemanns Jupp hätt vell jedonn für et Dörp, für de Fasteloovend und noch anderes.

He jäjenöwwer wor dä Laade von Schmitze Ärmche."

Ich fragte nach: von wem?

„Schmitze Ärmche, su däät der heeße. Dä hatt ene appe Ärm usem Kreesch."

Lebensmittelgeschäft Bahnhofstraße 69

Ich verstand. - Nun wurde er schneller und ich versuchte mitzuhalten. Eine Kaskade von Namen folgte.

„Heh links, do hätt Dirkse Katt jewonnt, donevve Vallenders Tünn, jäjenövve de Bäckerei, die hätt sich jo lang jehaale."

Schon waren wir wieder ein Stück weiter.

Dass diese Straße hier links jetzt Josef-Zimmermann-Straße heißt, das finde ich gut, denn der Josef Zimmermann hat viel getan für das Dorf, für unseren Karneval und anderes mehr.

Hier gegenüber (Nr. 69) befand sich der Lebensmittel-Laden von ‚Schmitze-Ärmchen'".
Ich fragte nach: von wem?

„‚Schmitze Ärmche', der wurde so genannt, weil im Krieg einen Arm verloren hat."

Ecke Bahnhofstraße / Schlunkweg noch ohne Tankstelle - um 1954

Ich verstand. - Nun wurde er schneller und ich versuchte mitzuhalten. Eine Kaskade von Namen folgte.
„Hier links hat Dirks Katt gewohnt, daneben der Toni Vallender (Nr. 94), schräg gegenüber (Nr. 55) war die Bäckerei, die hat sich ja lange gehalten."

Schon waren wir wieder ein Stück weiter.

55

„Un heh rääts, do wor de Poss. Jajoo, mir hatte tatsäschlisch en eejene Poss und moohte net no Lebele loofe für Pakete affzjeffe oder Breef enzewerfe. Do däät die Schwingelers ärbedde.

He hinge, do wor Jaucks Franz, die wore all bei de Feuerwehr. Donevve Heblichs Philipp. Dä däät emmer de Nikelaus maache, Joor für Joor. Und ä wor klasse, Dä wor jruuß wie du, ävve breed. Un die Ooje. Wenn dä koom, wuud et stell. Met singe deepe Stemm hätt dä de Pänz zeierts verschräck jemaat, ävve dann wor er janz frünklisch un all hatte Spass."

Ich versuchte, alle Informationen zu speichern, aber sein Erzählfluss war nicht zu stoppen.

„Links de Schwäjelers, un dann de Dümpelfeld, de Möhler un Aanstricher. Dä hatte ne hellije Lukas op de Wand jemoolt. Weeßte och waröm?"

Ich konnte brillieren und sagte, dass der Heilige Lukas der Patron der Maler ist. Mein Begleiter war zufrieden.

„Op de andere Sick Meyer-Könn, die hann Büromöbel verkoof und de Hans un der Chris woren joode Fußballer.De Gäkes-Brööder hann zeierts Taxi jefaare,dann senn die op Busse ömjesteeje. Dat woren och fleißije Löck.

Dat heh op der Eck och fröher en Tankstell wor, dat weeß de bestemmp."

Ich bejahte.

„Dann jomme jetz de Schlunkwääch erop. He op de andere Sick die Hüüser, do wonnten Ärbeddslück. Ävve op oser Sick heh, luur ens die Hüüse, die sinn von de hühere Aanjestellte gewess."

„Und hier, auf der rechten Seite, befand sich in einem kleinen Häuschen die Post (Nr. 47). Ja, wir hatten tatsächlich eine eigene Post und mussten nicht nach Liblar, um ein Paket abzugeben oder einen Brief einzuwerfen. In der Post hat die Frau Schwingeler gearbeitet.

Hier links wohnte Franz Jauck (Nr. 66). Die waren alle bei der Feuerwehr, dann der Philipp Heblich (Nr. 58), der war immer der Nikolaus, Jahr für Jahr. Und der war klasse. Der war so groß wie du, aber ziemlich breit. Und die Augen! Wenn der als Nikolaus gekommen ist, dann ist es still geworden. Mit seiner tiefen Stimme hat er die Kinder ziemlich erschreckt, aber dann war er ganz freundlich und alle hatten ihren Spaß.”

Ich versuchte, alle Informationen zu speichern, aber sein Erzählfluss war nicht zu stoppen.

„Links wohnten die Schwegelers (Nr. 56), dann der Malermeister Dümpelfeld (Nr. 54). Der hat den Heiligen Lukas auf seine Hauswand gemalt. Weißt du, warum?”

Ich konnte brillieren und sagte, dass der Heilige Lukas der Patron der Maler ist. Mein Begleiter war zufrieden.

„Auf der anderen Seite wohnten Meyer-Könn (Nr. 29), die haben Büromöbel verkauft und Hans Könn und Christoph Meyer waren gute Fußballspieler. Die Brüder Gäke sind seinerzeit Taxi gefahren, später sind sie auf Busse umgestiegen. Auch fleißige Leute.

Und dass an dieser Ecke schon früher eine Tankstelle gewesen ist, das weißt du bestimmt.”

Ich bejahte.

„Dann gehen wir jetzt den Schlunkweg hinauf. Hier auf der rechten Seite befinden sich Häuser für Arbeiter. Aber sieh dir mal die Häuser auf der linken Seite an, die gehörten den höheren Angestellten.”

„He de Donatesstrooß, die hannse extra für de Ärbedder jebaut. Dat wor am Aanfang vom Jahrhundert hochmoderren.

Ävver loss mer wigger om Schlunkwääch blieve. Dat Hüüsje met däm runde Turm wor eens von de iertste Hüüser heh op de Strooß, ähler es nur ovve dat Morawietz-Huus. Dat wor et alleriertste.Heh links wonnt Werners Jo, dä kann dir ooch vell von fröher verzälle. Dovüür dat jruuße Huus, dat kennste ooch: do wor dem Forkapic sing Schusterwerkstatt."

Schon waren wir am oberen Teil des Schlunkwegs angekommen. Mein Führer zeigte im Gegensatz zu mir keinerlei Ermüdung.

„He op de andere Sick, op der Eck, wo et nom Tannewääch jeeht, hatt Melsch-Köbes se Melesch-Jeschäff. Un der fuhr jeden Daach met em Waaje eröm un däät fresche Melesch verkoofe.

Un heh links dat Huus, von dem isch ävvens verzällt hann. Frieske und Morawietz. Do hingerdurch hat der sing Werkstatt.

Lebensmittelgeschäft auf der Donatusstraße - um 1930

Schlunkweg, noch nicht asphaltiert - um 1950

„Die Donatusstraße ist extra für die Grubenarbeiter gebaut worden. Am Anfang des 20. Jahrhunderts war das hochmodern.

Aber bleiben wir auf dem Schlunkweg. Das Häuschen mit dem runden Turm (Nr. 75) ist eines der ersten Häuser hier gewesen, noch älter ist nur das Haus von Morawitz (Nr. 10), das war das allererste Haus. Hier links wohnt Jo Werner, der kann dir auch viel von früher erzählen. Das große Haus davor (Nr. 46), das kennst du auch: Da war die Schusterwerkstatt von Johann Forkapic."

Schon waren wir am oberen Teil des Schlunkwegs angekommen. Mein Führer zeigte im Gegensatz zu mir keinerlei Ermüdung.

„Hier auf der gegenüberliegenden Seite, auf der Ecke, an der der Tannenweg abzweigt, hatte der „Milch-Köbes" (= Jakob Rothkamp) sein Milchgeschäft (Nr. 45). Der ist jeden Tag mit dem Wagen herumgefahren, um Frischmilch zu verkaufen.

Hier links befindet sich das Haus, von dem ich eben erzählt habe, das Haus von Morawitz (Nr. 10). Da hinten hatte er seine Werkstatt.

Un de ahl Scholl heh, do wors du jo ooch drin un häss fleißisch jeliert. Dann jing dat jo ze Enk un die hann dann de Musikkscholl druss jemaat.

Un de Heidebroichstrooß, do bruch ich dir jo nix ze verzälle, die kennste jo en und usewendisch. Von dem Dappertse Hein, dem Friseur, un von Bühls Lorenz hässte jo jet jeschrevve, jlööv isch.

Ävve weeß du ooch, wenne isch am beste ligge konnt? Die Bräjelmanns. Die sinn Aanfang der Seckzijer Joore no Oberliblar jekomme. Sie wor e jong Mädche und er wor us Löningen ovve em Emsland oder su. Die hann dem Jumpertz sing Bäckerei övernomme un en Schoss jehaale. Un die hann der Walter derek met övvernomme. Der kannt sich us.

Dat Hildejard kennste doch. Dat wor en joode Frau. Es se emme noch. Ich kann mich noch entsinne, wie off die de Lück jeholfe hätt, wenn die net bezahle konnte. Da joov die e Bruud oder Kooche oder irjendjett, dat die Lück övve de Runde koome. Su wor dat en de Heidebroichstrooß."

Die Heidebroichstraße wird modernisiert

60

Und die alte Schule hier, die hast du ja auch besucht und hast fleißig gelernt. Das ist dann zu Ende gegangen, man hat daraus eine Musikschule gemacht.

Und die Heidebroichstraße, von der brauche ich dir ja nichts zu erzählen, die kennst du ja in- und auswendig. Über den Hein Dappert, den Friseur, und über den Lorenz Bühl hast du ja, glaube ich, etwas geschrieben.

Aber weißt du, wen ich am besten leiden konnte? Die Brägelmanns. Die sind Anfang der 60er Jahre nach Oberliblar gezogen. Sie war damals eine junge Frau und er stammte aus Löningen im Emsland oder so. Die beiden haben die Bäckerei von Jumpertz übernommen und in Schuss gehalten. Die haben den Walter direkt mit übernommen, denn der kannte sich aus.

Karnevalszug 1962 - im Hintergrund das Ladenlokal, das dann zur Bäckerei Brägelmann umgebaut worden ist

Luftaufnahme von 1955

Heidebroichstraße von der Bahnhofstrasse aus gesehen

Du kennst doch die Hildegard Brägelmann. Sie war und ist immer noch eine gute Frau. Ich kann mich erinnern, wie oft sie Leuten geholfen hat, die nicht bezahlen konnten. Dann hat sie denen ein Brot gegeben oder Kuchen oder irgendetwas, damit die Leute über die Runden kommen konnten. So war das in der Heidebroichstraße."

Und so endete unser kleiner Rundgang durch Oberliblars Hauptstraßen, durch fast das gesamte alte Oberliblar.

Denn 1954 war Oberliblar nicht größer. Zwischen der Tankstelle und dem Schlosspark befand sich kein einziges Haus, und hätte es nicht schon ein paar Neubauten auf der Spürkerau gegeben, hätte man sagen können, dass Oberliblar sich noch nicht über das Gebiet zwischen Heidebroichstraße, Bahnhofstraße und Schlunkweg hinaus ausgedehnt hatte.

Em Rööches

oder:

Was man aus einem Wohnzimmer mit Tresen machen kann

Begleiten Sie mich nun nach Unterliblar in die Carl-Schurz-Straße 33-35, in eine Gastwirtschaft ganz besonderer Art. Ja, da stand sie. Hinter ihrer Theke. Elisabeth Schwarz, von den meisten „Schwatze Lies" genannt, wobei das „Schwatze" keineswegs eine Anspielung darauf war, dass „dat Lies" zu viel geschwatzt hätte. „Schwatz" ist im rheinischen nun mal „schwarz", sonst nichts. Wir Basketballer jedenfalls, die wir nach dem Training regelmäßig zu ihr gingen, nannten sie liebevoll „Oma" Schwarz.

Hoffentlich wird man sich auch in späteren Zeiten noch an diese wunderbare alte Dame erinnern. Jahrzehntelang stand sie hinter der Theke, immer gut gelaunt, und freute sich, wenn „de Jonge" kamen. „De Jonge" oder sagen wir „ming Jonge" nannte sie uns Basketballer, die montags nach dem Training bei ihr auftauchten.

Unsere Sportkameraden Edgar Hannig, manchmal auch Grunerts Mättes zapften für uns Bier und füllten die Gläser mit Cola, wenn Frau Schwarz mal wieder auf ihrem Hocker eingeschlafen war. Niemand wäre auch nur auf die Idee gekommen, ein einziges Getränk zu unterschlagen. Wenn es Zeit war aufzubrechen – das war meistens kurz vor Mitternacht, denn wir wussten ja am nächsten Tag früh raus, in die Uni oder zur Arbeit –, weckten wir Lieschen Schwarz ganz behutsam und zeigten brav unsere Bierdeckel: vier Pils oder drei Cola, zwei Pils und eine Limo usw. Dann wurde bezahlt.

Wir verließen den Gastraum und freuten uns schon auf unser nächstes Training.

Natürlich gingen wir gelegentlich auch in der Woche abends zu Frau Schwarz. Am schönsten war es, wenn dann auch Paulsens Hein, Dölfes oder Kemps Paul da waren. Hein trank unmittelbar am glühenden Bollerofen in Seelenruhe sein Bier und rauchte unentwegt. Stets waren es jene ovalen filterlosen Zigaretten, aus einer querformatigen gelben Schachtel voller bunter Ornamente. „Doo kriste keene Krebbs von", verkündete er jedem, der es hören wollte, „dat es Orienttabak!" Davon war er fest überzeugt.

„Em Rööches" hieß die Kneipe schon im 18. Jahrhundert, nicht weil sie immer voller Tabakrauch gewesen wäre, sondern weil sich bis zuletzt auf dem Dachboden eine Rauchkammer befunden hat. Aber wenn die Kneipe voll besetzt war mit allen sechs (!) Tischen und wenn auch nur die Hälfte der Gäste rauchte, war der Raum so etwas wie eine Vorhölle für Nichtraucher. Auch Zigarren wurden konsumiert. Wenn Lothar Kammer, der Lehrer, anwesend war, mischte sich gut duftender Pfeifenrauch unter den übrigen Qualm.

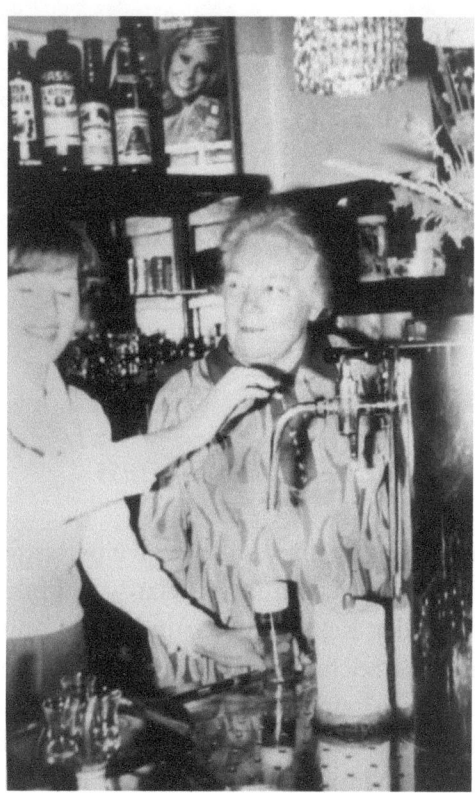

Elisabeth Schwarz in ihrer Kneipe

Und immer kurz vor Karneval, einige Jahre lang, war für mich persönlich die Zeit sehr stressig. Denn dann war es soweit, Frau Schwarz bat mich zu sich und sagte: „Kannst du am Wieverfasteloovend net a bissje spelle?"

Sie wusste, woher auch immer, dass ich ein Akkordeon besaß und, wenn auch nicht sehr gut, doch immerhin erkennbar bekannte Melodien spielen konnte. Der lieben Frau Schwarz etwas auszuschlagen, das kam nicht in Frage.

Carl-Schurz-Straße um 1955

Also saß ich am Wieverfasteloovend, also Weiberfastnacht, rechts vom Bollerofen, der immer auf Maximum geheizt war. Links saß Hermann, Hermann Tüttenberg, der Rektor der Grundschule, mit seiner Gitarre. Meine Akkordeonkünste reichten für Lieder wie „Mer losse der Dom in Kölle" oder „Heidewitzka" und auch ein paar gängige Schlager. Unser Duo war erfolgreich. Wir nahmen an einem solchen Abend, sagen wir besser bis in den frühen Morgen, jeder etwa vier Kilo ab. Der Ofen, der Stress, der Qualm und vor allem der Schweiß – das alles zusammen war unglaublich anstrengend.

66

Und ich hätte es mir denken können: Am Ende dieser langen Musiknacht fragte Frau Schwarz: „Dieter, am Sonntag geht doch der Zoch. Kannste dann net widder e bissje spelle?" Also sah man auch am Karnevalssonntag die beiden Musikanten, die beide eigentlich gar keine begeisterten Karnevalisten waren, die Hitparade der Karnevalslieder rauf und runter spielen. Und das Jahr für Jahr.

An normalen Tagen im Jahr, wenn Paulsens Hein, der auch für das Anstechen frischer Bierfässer im Keller zuständig war, drei Pils und drei Wacholder, das klassische Herrengedeck, zu sich genommen hatte, begann die für das „Rööches" typische Konversation.

Der grobschlächtige Dölfes, der natürlich richtig Adolf hieß und ebenso wie Hein über eine phänomenale rote dicke Nase verfügte und aus Kierdorf kam, begann meistens mit leichten Waffen, aber scharfer Klinge:

„Die Köttinger, dat sin alles Verbrecher!"

„Wieso dat dann?", sekundierte Hein.

Das war der Beginn eines Lamento, ausgelöst durch eine eher belanglose Angelegenheit, wie etwa ein von einem Köttinger verlangter Preis für das Tapezieren eines Raums.

„Alles Verbrecher", wiederholte Dölfes und ließ keinen Widerspruch zu. Dass der Tapezierer einen halben Sonntag für das Zimmer geopfert hatte, blieb natürlich unerwähnt. Nicht unerwähnt blieb, dass der gute Mann bei seiner Arbeit einen halben Kasten Bier geleert hatte.

„Dann wollt der 25 Mark! 20 hätte ich em jo jejevve, ävve 25!"

Der stets etwas vornehme Paul Kemp versuchte Dölfes zu beruhigen:

„Wenn du dat beim Unternehmer hätts mache losse, wärst du mit 25 Mark nit hinjekomme!"

„Alles Verbrecher, die Köttinger", insistierte Dölfes.

Jetzt schaltete sich Hein wieder ein: „Ich hätt dir dat für 15 Mark jemaat!"

Das allerdings brachte Dölfes völlig aus der Fassung: „Du kannst doch ja net tapeziere!"

Hein in seiner Ehre zu kränken war ein großer Fehler.

„Ich hann at tapeziert, da wort ihr Kierdörper noch op de Bööm", rief er, denn jetzt galt es, die Ehre des Heimatdorfs von Dölfes zu verteidigen.

„Du ahlen Schmecklecker, du fiesen Abrazzo! Dat süüht drr ähnlich, os ze beleidigen!"

(Man beachte, dass Dölfes die regionale Variante „süüht" gewählt hat. Ab Köttingen Richtung Türnich sagt man nicht mehr „sieht", sondern „süüht").

Und so ging es hin und her, bis Lieschen Schwarz das Ganze mit ihrer Autorität beendete: „Jetzt ist ävve Schluss! Wenn ihr üch käbbele wollt, mööt ihr für de Düür jonn!"

Sofort trat Ruhe ein. Hein und Dölfes schauten sich an, Hein hob sein Glas und prostete in der Luft seinem Rivalen Dölfes zu, der seinerseits ein Glas erhob. Ende des Streits.

So könnten doch auch Kriege friedlich beigelegt werden, dachte man als Unbeteiligter.

Eine weitere Episode, die mich nachhaltig beeindruckt hat, darf ich nicht unerwähnt lassen. Anders als Dölfes oder Hein kam Herr Kemp, Kemps Paul, stets gut gekleidet ins „Rööches". Er hatte die Angewohnheit, seinen Mercedes unmittelbar an der Eingangstür der kleinen Kneipe zu parken, und zwar auf dem Trottoir, wie wir das Stück der Straße bezeichneten, dass die Jüngeren „Bürgersteig" zu nennen pflegen.

Das ging eigentlich immer gut, nie bekam er Ärger wegen Falschparkens oder Behinderung des Straßenverkehrs Paragraph XY, Absatz Z.

Doch eines Tages war es so weit.

Ein Polizeiauto hielt auf der Straße. Hein sagte ganz ruhig: „Do kütt de Schmier!" – ein nicht gerade schmeichelhaftes, aber gebräuchliches Wort für die Polizei.

Paul Kemp sagte nichts, er dachte sichtbar nach.

Grußlos betrat ein Polizeibeamter, nachdem er sich kurz gebückt hatte, um überhaupt würdig durch die Tür zu kommen, das „Rööches". Noch bevor er „Wem gehört der Wagen auf dem Bürgersteig?" vollständig sagen konnte, musste er Kemps Paul ausweichen. Er hatte sich zwei Stühle gegriffen, schob sich an dem Polizisten vorbei und sagte: „Herr Wachtmeister, ming Dochter hierot morje, ich hol nur noch e paar Stöhl!"

Nun stand natürlich keine Hochzeit an, ja, wenn ich mich recht erinnere, hatte Kemps Paul nicht einmal eine Tochter, doch der Polizist war so beeindruckt, dass er einen der Stühle nahm und Paul beim Tragen half. Die Polizei dein Freund und Helfer.

Paul öffnete den Kofferraum, schob vier oder fünf Stühle ineinander, verstaute sie sachkundig und knallte die Klappe zu. Natürlich bedankte er sich bei dem hilfsbereiten Polizisten, ja, er winkte ihm noch nach, als er schon in seinem Einsatzfahrzeug saß.

Jetzt öffnete Paul die Klappe, nahm vorsichtig die Stühle wieder heraus und trug sie einzeln zurück ins „Rööches". Natürlich hatten so viel Geistesgegenwart und das Schleppen der Stühle einiges an Energie gekostet. Also setzte sich Paul gemütlich zu den andern, bestellte noch eine Runde und freute sich des Lebens.

Ich gebe zu, dass mich diese Aktion unglaublich beeindruckt hat. Wünschen wir also dem „Brautpaar" alles Gute für die Zukunft und dem „Brautvater", dass er vielleicht doch einen anderen Parkplatz findet.

Auch die Wirtin selbst war schlagfertig. In Liblar wohnte ein bekanntes Ehepaar, die Wisselmanns. Rolf Wisselmann war ein bekannter WDR-Sprecher und seine Frau, Inge, war in der Sozialdemokratie aktiv. Auch sie fand man häufiger im „Rööches".

Eines Tages trat sie vor Elisabeth Schwarz und sagte: „Frau Schwarz, wissen Sie eigentlich, dass man mich die Rote Inge nennt?"

Daraufhin erwiderte Frau Schwarz: „Dat is noch jarnix. Mich nennen se et schwarze Lies!"

Lang lebe das „Rööches"! In unserer Erinnerung. Leider war es so baufällig und die sanitären Einrichtungen entsprachen nicht mehr den vorgegebenen Standards, dass 2014 ein Abriss unumgänglich war.

Ganz großes Kino – die Schwanen-Lichtspiele

Wo wir einmal auf der Carl-Schurz-Straße sind, sagen wir Anfang der sechziger Jahre, gehen wir gemeinsam ein Stück bergab Richtung Erft. Vom „Rööches" aus nach links die Straße hinunter. Nach 300 Metern lassen wir links das Bürgermeisteramt liegen, heute der Viry-Chatillon-Platz mit Linas Eiscafé, überqueren die Straße dort, wo die Bahnhofstraße in die Carl-Schurz-Straße mündet, halten uns rechts, gehen am ehemaligen Kloster der Klarissen-Kapuzinerinnen vorbei, und schon sehen wir links vorne die Adlerapotheke und das Liebfrauenhaus.

Jetzt überqueren wir die Straße – in diesen Jahren kein Problem. Noch 200 Meter, gegenüber der Gaststätte „Zum Schwan", wo die Gebäude einen rechten Winkel bilden, stehen wir plötzlich vor dem Kino.

Weniger wegen der Nähe zum Schlosspark und der Schwäne auf dem Weiher als wegen des gegenüberliegenden Gasthauses „Zum Schwan" hat man dem Kino den Namen „Schwanen-Lichtspiele" gegeben. Von meinem Elternhaus in der Heidebroichstraße in Oberliblar bis hier unten waren es gut zwei Kilometer. Unterliblar besaß also ein Kino, wir immerhin den Bahnhof, die hatten das Schloss, wir die Braunkohlegruben. Auch wenn Oberliblar mit den „Glückauf-Lichtspielen" in der Bahnhofstraße 15 von 1938 bis 1960 versucht hat, den Kinogängern etwas zu bieten, die „Schwanen-Lichtspiele", ein großer Saal mit 400 Plätzen, waren einfach super. Jedenfalls bis 1964, denn dann ist auch dieses Kino geschlossen worden.

Die Filme, die Anfangs der 60er gezeigt wurden, waren fantastisch. Brandneu waren die Edgar-Wallace-Filme. Mein Freund Bruno und ich haben sie alle gesehen: „Der Frosch mit der Maske", „Der Hexer", „Die toten Augen von London" und viele mehr. Und in unsere Hirne brannte sich der Einführungssatz ein: „Hier spricht Edgar Wallace". Übrigens sagte die Stimme für Wallace „Wälless" statt des korrekten „Wolliss", aber das war uns völlig egal. Auch bei Winnetou I und II waren wir dabei. Haben wir tatsächlich geweint, als Winnetou im Teil III von uns ging?

Die Kinokarten kosteten 0,70 DM, 0,90 DM und 1,20 DM. Wir Oberliblarer Jungs fanden es in Ordnung, ganz vorne für 0,70 DM zu sitzen, den Schauspielern unmittelbar ausgesetzt zu sein. Ausnahmen machten unsere Eltern nur zu besonderen Gelegenheiten: „Die Zehn Gebote", ein Monumentalfilm, der mit fast 4 Stunden auch monumental lang war, durften wir in der Mitte, also für 0,90 DM sehen. Immerhin war Ostermontag. Ganz hinten saßen etwas Ältere, oft Jungs neben Mädchen, die sich nur wenig für die Filme zu interessieren schienen. Seltsam.

Der Erwerb der Tickets war schon eine Herausforderung. Hinter der kleinen Glasscheibe saß immer die gleiche Frau, eingerahmt von Päckchen mit Nüssen links, den damals schon beliebten Gummibärchen sowie den bunten Mandeln, die aus irgendeinem Grund „Wiener Mandeln" hießen, rechts. Letztere waren für uns aus dem Kohlengebiet unerschwinglich. Da man geduldig in der Schlange wartete, bis man vor dem Schalter stand, musste man, ob man wollte oder nicht, die Jungs am Kicker bewundern. Es war erstaunlich, mit welch atemberaubender Geschicklichkeit und mit welcher uns Hochachtung abverlangenden Geschwindigkeit die Kickerspieler hantierten. Und es waren immer die Köttinger Jungs, allen voran Didi und Wawa – sicherlich in Anlehnung an brasilianische Fußballgötter Künstlernamen für Herbert und Karl-Heinz – die den Kicker besetzten. Selbst die Unterliblarer, die ja sozusagen Heimrecht gehabt hätten, hatten keine Chance, jemals dort Kicker zu spielen. Von uns Oberliblarern, zumal wir mit unseren zwölf oder dreizehn Jahren viel zu jung waren, ganz zu schweigen.

Ich glaube, die Köttinger waren immer die ersten: Wenn „Einlass" war, d. h., wenn die Nachmittagsvorstellung samstags und sonntags um 15:00 Uhr begann, hielten sie ab 14:00 Uhr den Kicker in Beschlag.

Nun muss man wissen, dass ein Kicker normalerweise durch das Einwerfen einer Münze zehn Bälle freigibt, die mit Getöse aus einem Schacht in eine Rille fallen. Nie habe ich gesehen, dass die Köttinger Jungs mehrmals Geld eingeworfen hätten, um die beim Torerfolg versenkten Bälle zurückzuholen.

Nein, sie hatten Stofftaschentücher und zur Sicherheit noch Bierdeckel in die Höhle hinter den Torwart gelegt und holten, wenn hier oder dort ein Tor gefallen war, den von den Taschentüchern aufgefangenen Ball einfach wieder heraus und es ging weiter.

Wir freuten uns auf die Sonntage. Samstags konnten wir meist nicht, weil an diesem Tag die Fußballspiele unserer Altersklasse ausgetragen wurden. Übrigens erinnere ich mich nicht mehr, wie wir, damals nur immer sieben Spieler, zu den Auswärts-Spielen nach Groß-Vernich oder Lommersum transportiert wurden. Oh, ich schweife ab, zurück in die Schwanen-Lichtspiele:

Das Filmangebot war mit wenigen Ausnahmen einfach großartig. Nur „Kohlhiesels Töchter" war ein Reinfall. Bruno und ich hätten es wissen müssen, als die Mädchen aus Ober- und Unterliblar in der Überzahl waren und, ein untrügliches Zeichen, der Kicker unbesetzt war.

Aber bezahlt ist bezahlt. Und so sahen wir statt eines grausamen „Hund von Baskerville" Liselotte Pulver in einer Doppelrolle: Als die schöne Liesel und die hässliche andere, deren Namen ich nicht einmal googeln möchte.

Seitdem beschlossen wir Oberliblarer, uns keine „lustigen" Filme mehr anzuschauen. Allerdings hatten wir die Rechnung ohne „Dracula" gemacht. Ausnahmsweise durften wir einmal am Samstagabend in die Vorstellung. Horror lief nur abends. Und wir waren leicht zu beeindrucken. Bruno presste vor lauter Angst meinen Oberarm (Bizeps konnte man das bei mir damals nun wirklich nicht nennen), als Christopher Lee dem Steinsarg entstieg.

Knisternde Spannung im Saal, selbst das Knistern der Tüten mit den Wiener-Mandeln verstummte für wenige Augenblicke.

Und dann kam der Heimweg. Filmbeginn war um 20:00 Uhr. Durch die Wochenschau, das HB-Männchen und andere Werbung begann der eigentliche Film erst zwanzig Minuten später. Rechnet man die etwa anderthalb Stunden Film hinzu, war es also schon einiges nach 22:00 Uhr, als wir das Kino verließen, zunächst noch im Schutz der aus dem Kino herausströmenden Zuschauer. Dann aber, hinter der Apotheke, mussten wir nach rechts abbiegen.

Über die Bahnhofstraße zu gehen hatten die Eltern uns verboten und der kürzeste Weg nach Oberliblar führte natürlich am Eingang von Schloss Gracht vorbei durch den Schlosspark. Wir mussten also durch den Schlosspark. Nach einem Dracula Film.

Noch ganz unter dem Eindruck des bösen, bösen Vampirs gingen wir, nein schlichen wir hinein in den finsteren Park. Wir sprachen kein Wort. Bruno und ich kannten jeden Weg im Park, aber heute war alles so … so anders. Bei jedem Geräusch blieben wir stehen. Wir sahen durch die Bäume die wenigen Straßenlaternen der jetzt unerreichbaren Bahnhofstraße. Weiter. Weiter. Wo war denn bloß das Spürkerkreuz? Noch wenige Meter. Da, da stand es. Nie waren wir dankbarer, ein Kreuz zu sehen, den Heiland, die Rettung.

Der Rest des Weges verlief zunächst zwar auch im Dunkeln, nur ein paar Fenster der Häuser des neuen Baugebiets Kapellenbusch links sagten uns, dass da Menschen waren, wirkliche Menschen, und Transsilvanien lag hinter uns. Als wir am Ortsschild „Oberliblar" ankamen, hatten wir schon geschworen: Nie wieder Spätvorstellung.

Und der Bernhard gehört dazu

Er war immer dabei. Unser Bernhard. In der heutigen Zeit hätte man ihm eine sonderpädagogische Ausbildung zukommen lassen, aber das war in den fünfziger, sechziger, siebziger Jahren die Ausnahme. Und so gehörte Bernhard einfach zu uns.

Schon als Junge hat es mich geärgert, wenn ich mit ansehen musste, wie Bernhard veräppelt wurde. Leute mit einem Intelligenzquotienten, der knapp über Zimmertemperatur lag, nahmen sich die Freiheit, Bernhards Sprache nachzuäffen. Natürlich klang es merkwürdig, wenn er sprach: „Je…Je…Je…jeeste ärbedde?" Das war die Frage, ob jemand zur Arbeit geht. Bernhard kannte nur zwei Arten von Tätigkeit: Arbeiten und Schreiben, in seiner Sprache: „ärbedde un schrieve."

„Schrieve", damit wollte er sagen, dass jemand im Büro arbeitet, und alle Tätigkeiten manueller Art nannte er „ärbedde".

Ich erinnere mich noch an eine Begegnung (ich war gerade Lehrer am Ville-Gymnasium und ging mit Schülern von einem Gebäudekomplex zu einem anderen), als wir Bernhard begegneten. Er sah mich, freute sich, begrüßte mich und fragte natürlich: „Deeste schrieve mit denne" – tust du schreiben mit denen? Entsetzt schauten die Schüler ihn und mich an. Ich konnte es mir nicht verkneifen, zu meinen Schülern zu sagen: „Wir waren zusammen in der Schule."

Das stimmte insofern, als man immer wieder versucht hatte, Bernhard in die Volksschule in Oberliblar zu stecken. Dies funktionierte allerdings nur tageweise, außerdem schafft er nie eine reguläre Versetzung, so dass er jahrelang zwischen der ersten und der zweiten Klasse festhing.

Es gab eine Situation im Unterricht, über die man ohne weiteres lachen darf. Frau Hörter, die wie alle Lehrerinnen natürlich Fräulein Hörter genannt wurde, hatte es auf sich genommen, Bernhard in unsere zweite Klasse zu integrieren. Sie saß vorne an ihrem Pult und rieb sich mit den Fingern die Schläfen. Bernhard als einzigem schien aufzufallen, dass die Lehrerin wohl Kopfschmerzen hatte. Er drehte sich zu uns um und schrie uns an: „Still, seht ihr dann nit, dat die Ahl Kopping hätt." Es war einfach wunderbar, wieviel Einfühlungsvermögen er in dieser Situation für die arme Lehrerin zeigte.

Das Highlight des Jahres für Bernhard war der Karnevalsumzug. Am Karnevalssonntag konnte man ihn sehen, immer gekleidet in einem glänzenden blauen Jackett mit Goldbömmeln. Auf dem Kopf eine weiße Kapitänsmütze, in der Hand einen Tambourstab. So gekleidet passte er farblich zum Fanfarencorps der Karnevalsgesellschaft „Klüttefunke", das erst 1957 gegründet worden war und auf mich damals immer einen großen Eindruck gemacht hat. Bernhard ging voran und dirigierte mit seinem Tambourstab mehr oder weniger im Takt der Musik des Fanfarencorps.

Ein ganz persönliches Erlebnis hatte ich mit ihm, das mich sehr nachdenklich gestimmt hat. Es muss etwa 1972 gewesen sein. Im Schloss Gracht war das Goethe-Institut und einer der ausländischen Studenten hatte sich mit mir angefreundet. Er hieß Jon Elvert. Wir waren mit dem Mittagessen fertig, meine Mutter hatte Sauerbraten gemacht, weil sie natürlich meinte, ein Amerikaner sollte die deutsche Küche kennen lernen.

Danach wollten wir zur Eisdiele, zu Amando, und wem begegneten wir? Bernhard. Ich begrüßte Bernhard wie immer und er fragte, ich sage es in normalen Deutsch: „Wer ist das?" Ich antwortete wahrheitsgemäß: „Das ist mein Freund Jon." Bernhard war damit nicht zufrieden und fragte weiter: „Woher kommt der?" Ich: „Aus Amerika." Bernhard wiederholte etwa drei oder viermal das Wort Amerika und sagte: „Wo, wo, wo in Amerika?" Da Jon aus der Nähe von Chicago kam, genauer gesagt aus Evenston, sagte ich: „Aus Chicago." Dann verabschiedeten wir uns von Bernhard.

Dies wäre nicht weiter erwähnenswert, wenn Jon und ich unseren Bernhard nicht genau fünf Jahre später wieder auf der Straße getroffen hätten. Bernhard kommt auf uns zu und sagt: „Jon aus Chicago." Fünf Jahre später! Natürlich war Jon nicht so perplex wie ich, und ich betone und schwöre, dass diese Geschichte wahr ist.

Ich frage mich noch heute, ob man aus Bernhard nicht etwas hätte machen können, wenn es die heutigen Möglichkeiten zur Förderung damals schon gegeben hätte. Nach dem Tod der Eltern musste Bernhard natürlich irgendwo untergebracht und versorgt werden. Es fand sich ein Heim, in dem er noch heute lebt.

Und Jon Elvert studierte Astronomie und arbeitete am Planetarium in Stuttgart, bevor er in die USA zurückging. Er wurde Direktor mehrerer Planetarien in den Staaten.

Was ist das Geheimnis? Warum konnten Jon und ich so leben, wie wir lebten. Warum nicht auch Bernhard?

Als Oberliblar noch Donatusdorf genannt wurde - Postkarte um 1920

Wie aus einem Film - die Schuster von Oberliblar

Fast hätte ich begonnen: In den Tagen, als das Wünschen noch geholfen hat …

Aber ich muss anders beginnen: In den Tagen, als man Schuhe und nicht nur Schuhe, sondern auch Taschen oder Ledergürtel noch repariert hat …

Klar, das machte jeder. „Man wirft nichts weg", hatte mein Opa immer gesagt. Und so war es nur logisch, dass wir unsere Schuhe zum Besohlen oder zum Nähen einer aufgegangenen Naht zu einem der beiden Schuster brachten.

Sie hatten beide für uns merkwürdige Namen. Der eine, ganz oben auf dem Schlunkweg hieß Morawietz.

Er hatte eine liebe Frau, die heute über 100 Jahre alt ist, und drei Söhne: Manfred, Edo und Bruno. Manfred war aktiv im Radsportclub, Edo, vermutlich Eduard, war aus dem Liblarer Vereinsleben nicht wegzudenken. Und Bruno, Bruno kennen wir bereits als meinen Kumpel aus der Schwanenlichtspielzeit.

Wollte man in die Werkstatt von Schuster Morawietz, ging man rechts am Haus vorbei und sah schon durch die große Glasscheibe eine helle Lampe, unter der Paul Morawietz saß. Vielleicht gehörte es zur Ausbildung der Schuster, dass sie Zigarren oder Pfeife rauchten. Jedenfalls trat man in die Werkstatt ein, nachdem man tief Luft geholt hatte, denn auch wenn man Rauch gewöhnt war, und wir Jungs waren ja dummerweise schon Rauch gewöhnt, war das doch ein wenig zu viel.

Und da saß er nun, Paul, der Schuster. Er schaute kaum von der Arbeit auf, denn er hatte unheimlich viel zu tun. Man schob seine Schuhe auf die Theke, wartete, bis er dann doch einmal aufschaute. Mit einem geübten Griff nahm er den Schuh oder die Schuhe, zog hinter seinem Ohr den Bleistift hervor und schrieb ein „E" auf die Sohle. Das reichte zur Identifikation. Viele Menschen, deren Nachname mit einem „E" anfängt, scheint es damals in Oberliblar nicht gegeben zu haben. Mittlerweile stand man so lange an der Theke, dass man einatmen musste. Hätte man damals schon gewusst, dass Rauchen möglicherweise schädlich sein könnte, dann hätte man uns Kinder sicher nicht in diesen Raum geschickt. Ich muss also davon ausgehen, dass Rauchen erst später ungesund wurde.

Wenn man nun glaubt, der Rauch bei Paul Morawietz sei heftig gewesen, so belehrt uns ein Besuch beim zweiten Schuster, der auch auf dem Schlunkweg wohnte, eines Besseren.

Johann Forkapic in seiner Werkstatt - Foto: Heinrich Dappert,
Historisches Archiv der Stadt Erftstadt, Best. D 02 (Nachlass H. Dappert)

Schon sein Name war Magie. Er hieß Forkapic, ein Name, den es in Liblar nicht noch einmal gab. Viel später erst habe ich erfahren, dass es Johann Forkapic aus Kroatien in unser Dorf verschlagen hatte.

Mit gehörigem Respekt, mehr noch als bei Schuster Nummer 1, der ja immerhin der Vater meines Kumpels war, betrat man, das kleine Schuhgeschäft rechts liegen lassend, die rauchgeschwängerte Werkstatt.

Schuster Forcapic rauchte Pfeife, immer. War es bei Morawietz die Zigarre, so brannte sich nun das Bild des Pfeife rauchenden, in Qualm versinkenden Schusters Forkapic ein.

Der Eindruck, in einem Bereich aus Dantes Göttlicher Komödie zu sein, verstärkte sich noch dadurch, dass man hier nicht in einen dunklen Raum trat, sondern in eine Werkstatt, in die durch zahlreiche Fenster das Sonnenlicht fiel. Hier der Schuster, um ihn herum Höllen- oder Fegefeuerqualm, von hinten bestrahlt von der Sonne. Unwirklich, mysteriös. Auch er hatte einen großen Kundenstamm, denn man warf ja nichts weg.

Diese Eindrücke eines Kindes, das eigentlich nur Schuhe zur Reparatur abgeben sollte, waren sehr nachhaltig. Erstaunlicherweise gab es, es muss wohl um die Karnevalszeit gewesen sein, ein neues Bild von Schuster 2. Er konnte fantastisch Akkordeon spielen, was er auch in seiner Werkstatt tat, aber eben nur zur Karnevalszeit.

Ich erinnere mich an das leider zu häufig benutzte afrikanische Sprichwort: Zur Erziehung eines Kindes braucht es ein ganzes Dorf. Es war überhaupt keine Frage, dass man einen solchen Laden, eine Werkstatt wie die der beiden Schuster, nur mit Demut und Respekt betrat.

Die Schuster gehörten ebenso zu den „Erziehern" für uns Kinder und Jugendliche des Dorfes wie die bereits beschriebenen Lorenz Bühl, der Friseur Heinrich und all die anderen.

Bahnhof Liblar

Geschichten von unserem Tor zur Welt

Ja, unser Bahnhof Liblar. Unser Tor zur Welt. Eröffnet wurde er 1875, als der Braunkohleabbau in der Region begann. Heute wird er als „Durchgangsbahnhof" bezeichnet und wie jeder Bahnhof hat er auch eine Abkürzung: KEST. Wie es bei Banken und Büchern üblich ist, trägt er auch eine Nummer: 8003671. Das ist die IBMR. Gut, das hat jetzt vielleicht nicht jeden interessiert, aber die Stelle schien mir geeignet, um zu zeigen, dass ich aus einer Eisenbahnerfamilie stamme.

Als mehr und mehr Braunkohle abgebaut und exportiert werden musste, wurde der Bahnhof erweitert. Es gab insgesamt, wie auf alten Bildern noch zu sehen ist, 16 Gleise. Ein wunderbarer Bahnhof, wie auch die Bahnhöfe in Kierberg, Weilerswist und hoch bis in die Eifel. Man nennt den Baustil Historismus.

Natürlich war das Gebäude baufällig und es lohnte sich offensichtlich nicht mehr, Geld zu investieren, um die Bausubstanz zu erhalten. Deshalb entschloss man sich - Denkmalschutz hin, Denkmalschutz her - zum Abriss.

Ich kann ohne Übertreibung behaupten, dass ich als einer der ersten die Geräusche gehört habe, die entstanden sind, als man den Bahnhof, meinen Bahnhof, in Einzelteile zerlegt hat. Das lag daran, dass ich mit meiner Familie in der Heidebroichstraße wohnte, und zwar unmittelbar hinter dem Bahnhof oder, wenn man es von der anderen Seite betrachtet, vor dem Bahnhof.

Auch das Datum hat sich mir eingeprägt: Die Berliner Mauer wurde an einem 13. August errichtet, unser Bahnhof an einem 13. August abgerissen. Das war 1981. Freunde hatten meiner Frau und mir zur Hochzeit eine Super-8-Kamera geschenkt. Ich wühlte und fand drei unbenutzte Filme. Dann begab ich mich auf den Weg zum Bahnhof.

Ich war zunächst der einzige Zuschauer dort. Nach und nach, vom Lärm der Maschinen angelockt, fanden sich eine große Abordnung der

Heidebroichstraße und auch andere Liblarer ein. Wir standen fassungslos auf dem Bahnhofsvorplatz, als auf der linken Seite eine Abrissbirne ihre Arbeit verrichtete. Das war der Bereich, in dem früher die Fahrräder aufbewahrt wurden. Ja, man fuhr mit dem Fahrrad zum Bahnhof, in dem es schon eine Fahrradstation gab. Nicht so schick, wie die Dinger heute sind, aber immerhin. Wir fuhren natürlich nicht mit dem Rad. Wir wohnten ja direkt am Bahnhof.

Mit meiner Kamera ging ich einmal um den Bahnhof herum, filmte sparsam, weil die Super-8-Filme nur drei Minuten fassten.

Der alte Bahnhof in voller Pracht

Zwischen dem Erdgeschoss und der ersten Etage befand sich ein umlaufendes Ornamentband, bestehend aus gelblichen Terrakotta-Vierpässen. Eines dieser rosettenartigen Elemente wollte ich mir sichern und bat einen der Arbeiter, mir eine davon zu geben. Ich stellte sie in unserem Garten auf, als Erinnerung an dieses von uns allen geliebte Bauwerk. Dummerweise hatte ich nicht bedacht, dass das poröse Material durch Wind und Regen leidet. Und so zerfiel nach etwa vier bis fünf Jahren die gerettete Rosette.

Was nach dem Abriss dort entstand, konnte man eigentlich nur „Haltepunkt Liblar" nennen. Mehr war da nicht. Heute, so werden viele sagen, ist der Bahnhof, der seit 1990 Bahnhof Erftstadt heißt, ein funktionales, modernes Bauwerk. Ja, funktional und modern ist er schon, aber es fehlt der Charakter, den die alten Bahnhöfe hatten. Ob man in Kall, Mechernich oder sonstwo aussteigt, die Bahnhöfe sehen aus wie unsere modernen Innenstädte. Und egal ob man in Rheda-Wiedenbrück ist, in Oberhausen, in Ingolstadt oder in Köln, da gibt es Tchibo, vielleicht auch nicht mehr, den Optiker, meistens Fielmann, dann den DM und natürlich die Handyshops. Es ist eine elende Verarmung.

Die Anekdoten, die ich im Folgenden erzähle, habe ich entweder selber erlebt oder mein Vater hat mir davon erzählt. Ich stamme, wie erwähnt, aus einer Eisenbahnerfamilie. Mein Großvater Heinrich und sein Sohn, mein Vater Johannes, waren bei der Bahn. Für sie war klar, dass ich auch zur Bahn gehe. Daraus ist nichts geworden. Ich hatte andere Pläne.

Vielleicht beginne ich chronologisch. Mein Großvater Heinrich, Opa Hein, war Bahnhofsvorsteher in der Zeit nach 1933, die er die „schlimmen Zeit" zu nennen pflegte. Er war der Herr über den Bahnhof, wenn er Dienst hatte. Und so kam es zu folgender Episode.

Aus irgendeinem Grund kam der Obernazi, nennen wir ihn S., zum Bahnhof und befahl meinem Großvater, mit dem er jahrelang die Schulbank gedrückt hatte, irgendwelche Türen des Bahnhofs zu schließen. Ich weiß beim besten Willen nicht mehr, was der Hintergrund dieser politischen Anordnung gewesen war.

Mein Großvater, durchaus konservativ, aber der Politik des Herrn S. doch mit Skepsis begegnend, sagte nur: „Ich han heh ze saje" – ich habe hier zu sagen.

Daraufhin zückte Herr S. – wohlgemerkt sein ehemaliger Schulkamerad – seine Pistole, richtete sie auf Opa Hein und sagte: „Dann moss ich dich erscheeße."

Die Antwort meines Großvaters überrascht mich nicht, da ich ihn bis ins hohe Alter gemocht und verehrt habe und ich natürlich wusste, wie er dachte. Er warf dem „Politkommissar" barsch entgegen: „Ja, dann moss de dat och donn" – ja, dann musst du das eben auch tun. Der Herr S. zögerte einen Augenblick, dann wandte er sich ab, steckte seine Pistole weg und drohte meinem Großvater mit schlimmsten Konsequenzen. Sie blieben übrigens aus.

Meine Beziehung zum Bahnhof vertiefte sich, da auch mein Vater einige Jahre am Bahnhof Liblar arbeitete. Für meine Schwester Helga und mich war es das größte Vergnügen, ihm beim Schalterdienst zu helfen. Mein Vater gab uns Papier, Stifte, blaue, grüne, schwarze, rote, eine Schere und Kleber; Kleber, wie es ihn heute nicht mehr gibt. Wenn wir etwa eine Stunde lang geschnibbelt, gemalt und – Achtung! – den Kleber benutzt hatten, fühlten wir uns merkwürdig anders. Man wusste offenbar damals noch nichts von Schnüffelstoffen, vergleichbar vielleicht mit der völligen Ungefährlichkeit von Nikotin in den sechziger Jahren.

Vielleicht ging es damals auch noch menschlicher zu als heutzutage. Oder könnten Sie sich vorstellen, dass heute die folgende wahre Geschichte noch möglich wäre?

Da standen sie am Bahnhof Liblar, ein Ehepaar mittleren Alters, mit zwei Koffern und zwei riesigen Taschen. Der Zug aus der Eifel fuhr ein, hielt am Bahnsteig an und unser Ehepaar griff nach dem Gepäck, um in den Zug nach Köln zu steigen.

Mit einem Griff in die Jackentasche wollte sich der Ehemann versichern, dass er die Fahrscheine hatte. Dann brach es aus ihm heraus: „Nein! Nein! Die Fahrkarten liegen auf dem Telefontischchen!" Was tun? Immerhin wollte das Ehepaar für vierzehn Tage nach Ruhpolding.

Der verzweifelte Mann lief zum Schaffner und versuchte ihm, so ruhig er vermochte, die Situation zu erklären.

Und wie reagierte der Schaffner? Er sagte wörtlich, nachdem er sich erkundigt hatte, wo der Mann wohnte (und ich muss meinem Vater glauben, dass er dies richtig wiedergegeben hat): „Lieber Mann, ich mache jetzt 8 Minuten Maschinenschaden. Mehr geht nicht."

Es sah schon etwas merkwürdig aus, wie ein Mann im Anzug, mit weißem Hemd und Krawatte, in seinen besten Schuhen – so kleidete man sich früher, wenn es auf Reisen ging – zu einem Sprint ansetzte, über den

Bahnsteig hetzte und hinter einer Mauer verschwand. Währenddessen ging der Schaffner seelenruhig zum Lokführer und rief ihm „Du machst jetzt ein paar Minuten Maschinenschaden" zu.

Die Sekunden und Minuten verrannen. Die Frau, die verzweifelt zwischen ihren Koffern stand, schaute sich mehrmals um. Es war ihr deutlich anzusehen, dass ihr die Angelegenheit sehr peinlich war. Mehrmals hatte sie vermutlich ihren Mann gefragt, ob er alles eingesteckt habe, Fahrkarten, Personalausweis, Geld. Und nun mussten alle ihretwegen warten. Dabei war es ja noch gar nicht klar, ob ihr Mann es schafften würde.

Nun wurde auch der Schaffner etwas unruhig, schaute auf die Bahnhofsuhr, prüfte dann seine eigene Uhr und entschied, dass er den Urlaub des Ehepaars nicht zerstören würde.

Mittlerweile hatte sich eine solidarische Gemeinschaft gebildet, denn alle wussten, warum der 7:48 nicht pünktlich losgefahren war. Knisternde Spannung, Daumen drücken, hoffen und da, immer noch im Sprintmodus: der Mann. Dass der Schaffner persönlich dabei half, das schwere Gepäck einzuladen, war eigentlich selbstverständlich. Nun wollte der Mann dem Schaffner die Fahrkarten zeigen, doch der winkte ab, weil er es für völlig unnötig hielt, in dieser Situation irgendwelche Fahrkarten zu prüfen. Und so machte sich das Ehepaar auf den Weg in den Urlaub nach Ruhpolding.

Ich habe lange überlegt, ob ich die folgende Episode erzählen soll, aber sie passt als Gegenbeispiel zu dem freundlichen Schaffner, der dem Ehepaar mit „Maschinenschaden" geholfen hatte. Die Episode passt so gut, weil sich hier zeigt, wie sich die Zeiten geändert haben. Also gebe ich mir einen Ruck und erzähle aus dem Nähkästchen, wie ich mich zwar pädagogisch nicht korrekt, aber auf die Situation bezogen völlig angemessen verhalten habe.

Es war ein normaler Frühlingstag, vielleicht Mai. Ich hatte die Gelegenheit, mit meiner Klasse 8 den Dom zu besuchen. Also besorgte ich 26 Fahrkarten im damals noch existierenden Reisebüro in der Bahnhofstraße. Ich bekam einen Zettel, auf dem die Anzahl der Schüler und der

Gesamtpreis für die Fahrt von Liblar nach Köln und zurück vermerkt war. Dazu bekam ich 26 Fahrkarten, die ich an meine Schüler zu verteilen hatte, damit jeder auf Verlangen einen Fahrausweis vorzeigen konnte.

Alles lief gut – bis auf die Rückfahrt. Es war ausgerechnet die zurückhaltendste meiner Schülerinnen, Christine, die kurz vor Erftstadt den kontrollierenden Schaffner hilflos ansah und zu weinen begann.

Ich saß mit anderen Schülern etwa fünf Meter entfernt, sprang natürlich auf, um zu sehen, was dort vorgefallen war. Alle Schülerinnen und Schüler konnten ihre Fahrkarte vorzeigen, nur Christine hatte ihre Fahrkarte verbummelt.

Zunächst beruhigte ich sie und sagte an dem grimmig schauenden Schaffner vorbei: „Das ist doch kein Problem, Christine." Der Schaffner mischte sich ein: „Kein Problem? Die hat keine Fahrkarte!" Nun zog ich mein Schreiben hervor, das ja die Anzahl der Schüler und den Gesamtfahrpreis auswies, zeigte auf die anderen Schüler mit der Bemerkung: „Die gehören alle zusammen! Hier bitte!" Ich zeigte dem Schaffner die Quittung.

Völlig unbeeindruckt holte er zu einem weiteren Schlag aus: „Wenn die keinen gültigen Fahrausweis hat, muss die nachzahlen!"

Erneut versuchte ich es mit dem Quittungsschreiben und dem Hinweis, dass dies meine Schüler seien, auch das weinende Mädchen. Als der Schaffner dann immer noch darauf bestand, dass das nun noch heftiger weinende Mädchen nachzahlen müsse, ließ ich mich zu einer bei mir sonst nicht üblichen Bemerkung hinreißen, die ich allerdings bis heute nicht bedaure.

Ich schaute den Schaffner ruhig an und fragte: „Sagen Sie mal, sind sie eigentlich Beamter oder darf ich Sie Arschloch nennen?"

Meine Schüler waren begeistert, auch wenn das nicht gerade pädagogisch wertvoll war. Oder gerade deswegen, weil es nicht pädagogisch wertvoll war. Die Blicke der anderen Mitreisenden signalisierten mir ebenfalls Verständnis. Das Wort „Beamtenbeleidigung" hatte ich also uminterpretiert: Ich als Beamter habe den Idioten von Schaffner beleidigt, sozusagen juristisch einwandfrei.

Mit hochrotem Kopf, man glaubt es kaum, verließ uns der Schaffner. Er war noch in Hörweite, als ich ihm meinen Namen nannte und meine

Güterzug im Bahnhof Liblar - 30er Jahre

Schule: „Ville-Gymnasium, für den Fall, dass sie sich beschweren wollen."
Ich gebe zu, dass ich, wenn auch nicht ganz verdient, auf meine Reaktion
immer noch stolz bin.

Und dann war da noch der Bahnarbeiter aus Derkum. Wenn wir heute glauben, Comedy sei auf dem Höhepunkt, dann scheint mir das ein
großer Irrtum zu sein.

Willi aus Derkum, den Namen hatte ich aufgeschnappt, als er im
gleichen Abteil wie ich bei seinen Kumpeln saß. Offensichtlich handelte
es sich um eine Gruppe Bahnarbeiter, die seit Jahren mit der Bahn zu ihrer
Arbeitsstelle in Köln fuhren. Das wäre noch nichts Außergewöhnliches,
aber versetzen wir uns einmal in das Jahr 1967.

Es war September, die Schule hatte schon vor drei Wochen angefang-
en, die Sommerferien waren also lange vorbei und ich saß, etwas ein-

geengt mit meinem Ranzen im 7:13 Uhr Richtung Köln, wenn auch wie immer nur für die eine Station bis Kierberg.

Dann hörte ich, wie Willi loslegte. Ich bekam zunächst nur Fetzen der Unterhaltung mit, die sich aber so einbrannten, dass ich den ganzen Schulweg, von Kierberger Bahnhof bis hinunter nach Brühl, grübelte. Da ich mehrsprachig aufgewachsen bin, also mit Kölsch und dem, was wir in Liblar Hochdeutsch nannten, konnte ich der Unterhaltung folgen. Ich gebe sie hier in Hochdeutsch wieder, um niemanden zu überfordern.

„Mein Freund Herbert", so begann der Comedian Willi, „arbeitet ja jetzt beim WDR. Der ist für die Farbe zuständig." Nun beobachtete ich, wie auch andere Fahrgäste versuchten, die interessante Erzählung zu hören. Und Willi fuhr fort: „Die ziehen die Filme, auch alte Schwarz-weißfilme, durch die Farbe. Dann dauert das ein paar Minuten, bis sie trocken sind. Jetzt gibt es ja das Farbfernsehen noch nicht lange, also die experimentieren noch."

Willi holte Luft. Dann setzte er seine Erklärungen fort: „Wenn ihr gestern den Krimi gesehen habt, dann ist euch auch aufgefallen, dass die Farben nicht einheitlich sind. Also da sind die jetzt dran. Der Willy Brandt hat ja auf der Funkausstellung das Farbfernsehen eröffnet. Aber der hatte sich bestimmt auch vorgestellt, dass die Farben schöner sind."

Ob es abgesprochen war, um die Mitreisenden zu veräppeln, oder ob es eine echte Frage war, weiß ich nicht; jedenfalls fragte einer seiner Kumpel: „Und wie haben die das mit dem Rasen beim Fußball hingekriegt?" „Ja ist doch klar", antwortete Willi, „die machen zuerst das Grün vom Rasen, danach den Rest."

Jetzt, nach so vielen Jahren, muss ich gestehen, dass dies Comedy vom Feinsten war. Die Mitreisenden lauschten gebannt, ich selber fiel herein – gut, ich war auch noch jung und unerfahren –, aber da niemand wusste, wie Farbfernsehen wirklich funktionierte, hörte man sich solche Geschichten an, nicht ohne den Erzähler zu bewundern.

Dieser Willi war offensichtlich so durchtrieben, nein, ich nenne es lieber schlau, dass er genau wusste, wie weit er gehen konnte. Niemand wäre auf die Idee gekommen, dass eine solche Geschichte wie die Farbmischung für das Farbfernsehen erfunden sein könnte.

Da Willi durch den Hauptbahnhof musste, um abends den Zug zurück in die Heimat zu nehmen, kam er natürlich auch am Zeitungsladen vorbei. Schon damals war ich selbst auch fasziniert von der riesigen Auswahl, vor allem fremdsprachiger Zeitungen.

Und Willi? Wie reagierten Mitreisende, wenn sie sahen, wie ein in Arbeitskluft gekleideter Herr mittleren Alters, nämlich unser Willi, der von der Arbeit kam, sich gemütlich im Zug in die Eifel hinsetzte und seine Zeitung vornahm?

Der Gag war, die Zeitung war in Arabisch. Und so blätterte Willi, nachdem er offensichtlich einen Artikel „gelesen" hatte, langsam weiter. Das Erstaunen der Mitreisenden muss wohl groß gewesen sein.

Ich selber habe ihn nur einmal beobachtet bei seiner Lektüre und, man staune, es war eine russische Zeitung mit kyrillischen Buchstaben.

Gern hätte ich mehr über Willi erfahren, wie er in seinem Heimatort Derkum agierte, ob er als Witzbold verschrien war oder ob er seine Späße nur in der Bahn ausübte. Dass er die arabische Zeitung von links nach rechts „las" und umblätterte, fiel einfach niemandem auf.

Es waren schöne Zeiten. Jeden Morgen, den der Herr geschaffen hatte, musste ich mit dem 7:13 zur Schule fahren. In den sechziger Jahren war es, vielleicht noch bis 1966, unter anderen die gute 78er Lokomotive, Dampfloks der preußischen Baureihe T 18, unkaputtbare Ungetüme, die damals schon zwischen 40 und 50 Jahren Dienst hinter sich hatten.

Eines Tages, und das soll meine letzte Bahnhofsgeschichte sein, packte mich die Lust, die neun Minuten – so lange dauerte es damals, Kierberg zu erreichen –, einmal vorne in der Lok mitzufahren.

Aber wie sollte ich das anstellen? Immerhin war ich schon in einem Alter, in dem man Referate schrieb. Damals hießen sie noch Aufsatz.

Wenn Willi aus Derkum die Wahrheit ein wenig gebogen hatte, wird man es einem 15-Jährigen ja wohl verzeihen, wenn er sich, wie man es in Oberliblar nannte, etwas einfallen ließ.

Also fasste ich mir ein Herz, ging auf dem Bahnsteig bis ganz nach vorne, wartete, bis die 78er angehalten hatte und sagte, vielmehr rief wegen der Lautstärke der Lok zu dem Lokführer, der pflichtgemäß auf den

Bahnsteig schaute und auf den Pfiff des Schaffners bzw. die auf grün zeigende Kelle wartete: „Ich muss einen Aufsatz schreiben über die Dampflok. Kann ich einmal bei Ihnen mitfahren?"

Zu meiner großen Überraschung öffnete der Lokführer die schwere halbhohe Eisentür, nahm mir meine Tasche ab und zog mich ins Führerhaus. Ich war stolz wie Oskar.

Dann ertönte der Pfiff, ein Blick zum Schaffner und der Lokführer betätigte einen Hebel. Sein Kollege, der aussah wie Hans Muff an Nikolaus, schwarz im Gesicht und lässig an einer filterlosen Zigarette saugend, beachtete mich kaum.

Es war ein Fest für mich. Ich sah auf die Schienen vor uns. Zum ersten Mal stand ich im Führerhaus einer Dampflok.

Die wenigen Minuten Fahrzeit vorne auf der Lok erfüllten mich mit Stolz. Ich bedankte mich herzlich, kletterte die Stufen der Lok herunter, vom Lokführer meinen mittlerweile rußgeschwärzten Ranzen entgegen und machte mich auf den Weg zur Schule.

Als Oberliblarer war ich an Kohlenstaub gewöhnt, aber dass die feinen Staubpartikel der Lok sich in meinen Haaren und auf meinem Gesicht niedergelassen hatten, hatte ich natürlich nicht gewusst. Selbst meinen Mitschülern ist der Dreck aufgefallen, sie dachten, dass ich es mit der Morgenreinigung nicht so ernst genommen hätte.

Das war ein unvergessenes Erlebnis für mich und ich plante schon damals, dass es wohl nicht das letzte Mal sei, dass ich den Schulweg auf der Lok begann.

Ich hätte es lassen soll. Denn wenige Monate später versuchte ich es erneut. Ich schäme mich ein wenig, aber es gehört zur Vollständigkeit der Geschichte.

So stand ich also wieder vor der Lok und wollte gerade ansetzen, als der Lokführer mich anschaute und rief: „Na Jung, musste widder ene Aufsatz schrieve?" Mit gesenktem Haupt trottete ich zum ersten Waggon und nahm dort Platz.

Aber erhobenen Hauptes will ich weitere Geschichten aus Liblar erzählen. Folgen Sie mir.

Als ein Pastor noch ein Pastór war

Matthias Hockelmann

Es gab sie noch, die Priester, die echte Seelsorger waren und sich nicht als verlängerter Arm von irgendwelchen NGOs verstanden und die Welt auf Kosten anderer retten wollten. Ein solcher Priester war unser Pfarrer Hockelmann.

1960 wurde er nach einigen Jahren als Kaplan in Zülpich in Sankt Barbara eingeführt. Heinz, Robert und ich standen am Ortseingang, dort, wo sich heute der Kreisel am Ende des Schlunkwegs befindet, an dem man links zum Bahnhof fährt. Dort war das Ortsschild, das die Bezeichnung „Oberliblar" trug.

Die Amtseinführung am 11. 09. 1960 - Foto: Heinrich Dappert,
Historisches Archiv der Stadt Erftstadt, Best. D 02 (Nachlass H. Dappert)

In Festkleidung standen wir da, in schicker kurze Hose und Hemd. Wir hatten irgendetwas Gereimtes im Wechsel vorzutragen. Ganz sicher war etwas im jambischen Versmaß dabei wie „von wo auch immer Sie jetzt kommen, wir heißen Sie herzlich willkommen!" Und so begrüßten wir unseren Pastór, mit Akzent auf der zweiten Silbe, wie es sich für Katholiken gehörte.

Dann machte sich der Festzug auf den Weg, vorneweg die Priester-schar der umliegenden Orte, dahinter die Messdiener, dann der Kirch-enchor, die Schützen durften nicht fehlen, und am Schluss die sonsti-gen Gläubigen, Neugierigen und neugierigen Gläubigen. Der Zug führte durch die Heidebroichstraße, dann nach links zur Kirche.

In Sankt Barbara gruppierten sich, das war unvermeidlich, die Schützen rund um den Altar mit ihren Fahnen, auf denen so etwas stand wie „Glaube – Sitte – Heimat". Vielleicht war die Schützenschar als Ersatz für die fehlenden Bäume, also die Begrünung des Altarraums gedacht.

Einer der zahlreichen Pfarrer, vielleicht sogar der Dechant aus dem großartigen Lechenich, hielt eine Ansprache, die die Einführungsveran-staltung um weitere 35 Minuten verlängerte.

Pfarrer Hockelmann (ganz rechts im Bild) mit dem Weihbischof

Schon damals glaubte ich, unserem neuen Pfarrer ansehen zu können, dass er solche Feierlichkeiten nicht liebte, besonders wenn es um seine Person ging.

Er war bodenständig, sprach nie salbungsvoll wie die Sprecher beim Wort zum Sonntag, sondern es gelang ihm, so zu reden und zu predigen, dass die Kirchenbesucher tatsächlich etwas verstanden.

Er hatte einen Beruf erlernt – war es Uhrmacher? –, hatte also gesehen, dass es eine Welt außerhalb des klerikalen Raums gibt. Und das war sein großer Vorteil. Man nannte damals solche Priester „Spätberufene" und wir Oberliblarer konnten uns glücklich schätzen, einen solchen Menschen zu haben.

Wir Kinder wurden alle Messdiener. Auch wenn die Frühmesse mitten in der Woche nicht gerade zu unserem Biorhythmus passte, drängten wir uns, um sieben Uhr zu „dienen". Meistens waren wir schon vor der Sakristeitür, fröstelnd, bevor wir das Moped des Küsters und Organisten Hubert Alef hörten, der ja aus Unterliblar kam. Hubert Alef zog dann 1964 in die Küsterwohnung im neu errichteten „Jugendheim" ein und sein Moped brauchte er nicht mehr.

Wir mochten Pfarrer Hockelmann sehr, auch wenn er uns einmal ohrfeigte, als er uns bei der „Messweinprobe" erwischte.

Am dankbarsten waren wir für die Messdienerfahrten in die hohe Eifel. Hier hatte ich zum ersten Mal das Wort „Schneifel" gehört, das wohl für Schnee-Eifel stand. Und dorthin ging es über mehrere Jahre zwei Wochen in den Sommerferien. Wir waren auch deshalb so dankbar, weil in den frühen sechziger Jahren ein Urlaub, gar im Ausland, undenkbar und für meine Eltern unbezahlbar war.

Pfarrer Matthias Hockelmann war in Mützenich geboren, nicht das Mützenich bei Monschau, sondern das bei Bleialf, ein winziges Dorf mit wenigen Häusern. Und er kannte jeden Stein, jeden Bach, jeden Wald in der Umgebung von Bleialf bis Prüm.

Die erste Messdienerfahrt, an der ich teilnehmen konnte, ging nach Oberlascheid. Mit der Eisenbahn, die damals noch nicht Eifel-Express hieß, fuhren wir von Liblar über Euskirchen bis nach Gerolstein. Dort stiegen wir in einen roten rundlichen Schienenbus, der uns über eine heute stillgelegte Nebenstrecke bis Pronsfeld brachte.

An dem unscheinbaren Bahnhof stand ein Trecker mit Anhänger. Wir freuten uns etwas zu früh, denn der Trecker transportierte nur unser Gepäck. Wir, angeführt von unserem Pastor, mussten laufen, durch Wälder, über Felder, dann wieder Wälder und immer bergauf. Gut 13 Kilometer zu Fuß in strömendem Regen. Zum ersten Mal hörte ich das Lied „Liebe Sonne scheine, lass uns nicht alleine", gesungen von einem völlig durchnässten Pastor Hockelmann. Sein Glaube war unerschütterlich, der Regen allerdings auch.

Und so kamen wir in Oberlascheid an, im Gegensatz zum Pastor völlig erschöpft und durchgefroren, vor Nässe triefend. Heute würde man nicht glauben, dass keiner von uns auch nur Anzeichen einer Erkältung hatte. Die Bäuerin gab uns, bevor wir uns umzogen und trockene Kleidung anlegten, warme Milch und ein riesiges Butterbrot, darauf dick Leberwurst, leckere grobe Leberwurst.

Ob irgendeiner von uns Laktose-intoleranz hatte? Oder Nussallergie? Waren Vegetarier oder Veganer unter uns? Ich weiß es nicht. Alle hatten Hunger, alle aßen ihr Leberwurstbrot.

Wir übernachteten in der Scheune, jeder suchte sich irgendwo oben auf der großen Strohfläche ein Plätzchen. Wir froren. Wo wir uns gewaschen haben? Keine Ahnung. Wir waren glücklich. Wanderungen, unendliche Fußballspiele, natürlich gemeinsam mit Pastor Hockelmann, deftiges Essen, frische Milch, das waren unsere Ferien.

Ein Highlight war das Jahr 1966, als wir in dem winzigen Dorf Ihren hausten, das nicht weit von Oberlascheid liegt, diesmal in einem baufälligen alten Häuschen.

Unser Pastor hatte dafür gesorgt, dass wir bekocht wurden. Dafür zuständig war Frau Kirsch aus der Donatusstraße. Auch ihr Mann Walter war als Betreuer dabei. Er erzählte uns vom Krieg, als wir schon in unseren Schlafsäcken lagen, dachte aber nicht daran, dass seine realistischen Erzählungen uns den Schlaf rauben könnten.

Das Ehepaar Kirsch bei der recht rustikalen Essensausgabe -
1962 in Oberlascheid

Über die Straße hoch nach Winterspelt waren es etwa sechs Kilometer, übers Feld. Durch den Wald nur vier. Pfarrer Hockelmann hatte mit dem Wirt des einzigen Gasthofs abgesprochen, dass er mit einer Meute Halbwüchsiger an jenem Samstag, dem 30. Juli 1966, kommen werde. Für alle Colas und Limos werde er persönlich aufkommen. Und so schauten wir das Endspiel der Weltmeisterschaft zwischen England und Deutschland.

Waren wir zu jung oder zu unerfahren im Fußball, obwohl wir doch fast alle bei Fortuna Liblar in Mannschaften spielten, um zu sehen, wie sich unser Pfarrer im Laufe des Abends veränderte?

Nie hatten wir ihn fluchen hören. Bis zu jenem Abend. Nie hatten wir ihn deprimiert gesehen. Bis zu jenem Abend. Erst viel später ist mir die Tragweite des Wembleytors bewusst geworden.

Und so trotteten wir wieder bergab nach Ihren, schlüpften in unserer Schlafsäcke und wunderten uns noch eine Weile, warum unser doch sonst so fröhlicher Pfarrer uns wortlos verlassen hatte, um bei Familie Tautges sein Bett aufzusuchen.

Neben dem Fußball war die größte Leidenschaft unseres Pastors das Skatspiel. Natürlich hatte er uns auf unseren Eifeltouren die Grundzüge des Skat beizubringen versucht. Aber wie leidenschaftlich er selbst Skat spielte, zeigt sich besonders an folgender Episode:

Der eben schon erwähnte Küster und Organist Hubert Alef hatte die Kirche bereits aufgeschlossen, es war Samstag etwa halb drei nachmittags. Und dann kamen sie. Alle festlich gekleidet, vor allem das Brautpaar. Um 15:00 Uhr war die Trauung angesetzt, die Pastor Hockelmann durchführen sollte. Sollte!

Hubert Alef war nicht leicht aus der Ruhe zu bringen, aber als um zehn vor drei der Pastor noch nicht in der Sakristei erschienen war, begann auch er langsam nervös zu werden. Es wurde 15:00 Uhr, 15:05 Uhr, 15:15 Uhr und Hubert Alef blieb nichts anderes übrig, als die Hochzeitsgesellschaft aufzufordern, doch zuerst Kaffee trinken zu gehen und danach, so gegen 17:00 Uhr, es noch einmal zu versuchen.

Hektisch lief Hubert Alef, nachdem er erfolglos am Pfarrhaus geklopft hatte, zunächst zu Familie Reitz, er Kirchenvorstand, sie im Kirchenchor. Dort fragte er, ob sie vielleicht wüssten, wo der Pastor abgeblieben sei. Ohne Erfolg.

Dann ging Alef zum alten Nikolai, dem Kirchenschweizer. Er gab ihm den entscheidenden Tipp: Fragen Sie mal bei Essers Johannes.

Gesagt getan. Hubert Alef klingelte an unserer Haustür, fragte, ob der Pastor zufällig da sei. Als mein Vater das bejahte, bat er ihn herein. Und da saßen sie: Pastor Hockelmann und sein Mitbruder Hennes aus Blessem. Der dritte Platz gehörte meinem Vater, Johannes Esser.

Hubert Alef erklärte die Situation, wurde gelobt für die spontane Reaktion, das Brautpaar samt Anhang zum Kaffee geschickt zu haben und musste noch anhören, wie Pastor Hockelmann sagte: „Die Runde machen wir aber noch zu Ende!" Die Trauung fand in würdigen Rahmen etwa zwei Stunden später statt.

St. Barbara Oberliblar kurz nach der Fertigstellung Mitte der 50er Jahre

Es war 1970, im Sommer muss es gewesen sein, denn ich hatte gerade meinen Führerschein gemacht und fuhr einen alten VW Käfer, den ich mit großzügiger Unterstützung von Vater und beiden Opas bei Dieter Göddertz an der Tankstelle für 600 Mark erworben hatte. Die Tankstelle stand genau an der Stelle, an der auch heute die freie Tankstelle steht.

Pastor Hockelmann hatte ausgerechnet mich, den gerade 18-Jährigen gefragt, ob ich ihn ins Liebfrauenhaus nach Liblar fahren könne. Er erklärte mir, dass es am folgenden Abend eine Veranstaltung zum Thema Abtreibung in eben jenem Liebfrauenhaus gegenüber von Sankt Alban geben werde.

Schon auf der Hinfahrt bemerkte ich, dass unser Pastor unruhig wurde. Und das hatte seinen Grund. Ich ahnte ja nicht, was uns im Liebfrauenhaus erwartete. Der Vortragende sprach über Dinge wie „medizinische Indikation" und benutzte eine Menge Fremdwörter. Er war unschwer als Geistlicher erkennbar.

Mit meinen 18 Jahren war ich ein wenig überfordert, dem Ganzen zu folgen. Aber dann kam der Film. Ich möchte eigentlich mehr mir als den Leserinnen und Lesern die Details ersparen, die wir zu sehen bekamen.

Die Abtreibung selbst wurde in allen Einzelheiten gezeigt. Es war natürlich keine offene Veranstaltung pro oder contra Abtreibung, sondern eine abschreckende Darstellung ohne jede Diskussion.

An einigen Stellen des Films konnte ich einfach nicht hinschauen. Wenn man bedenkt, dass der Vortragssaal des Liebfrauenhauses nur etwa 100 Meter von unserem geliebten Kino entfernt war, musste man einfach an die dort gezeigten Filme denken.

Hatten wir uns, wie bereits beschrieben, bei Dracula fast zu Tode gefürchtet, so musste ich mich beim Betrachten dieses Abtreibungswerks fast übergeben.

Nun traten wir die Heimfahrt an. Zunächst saß Pastor Hockelmann schweigend auf dem Beifahrersitz. Es wird ihm wohl aufgefallen sein, dass sein Fahrer, der Oberministrant Dieter, noch ganz unter dem Eindruck des Films stand. Doch was er dann sagte, werde ich nie vergessen. In diesem sehr privaten Rahmen sagte unser Pastor, der ja immerhin der Vertreter der katholischen Kirche war, Sätze, die ihn für mich noch menschlicher machten.

„Ach ja", begann er, „wer will es einer Frau verdenken, wenn sie sich zu diesem Schritt entscheidet. Ich kann sie nicht verurteilen. Ist es nicht so, dass sie sich, der Familie und vielleicht auch dem Kind selbst großes Leid zufügt. Ich kann das nicht entscheiden."

Natürlich hätte er solche Äußerungen nie offiziell machen können. Aber mir hat es gezeigt, dass hier jemand mit sich ringt und dass er unter Umständen in Konflikt mit der Amtskirche geraten würde.

Ich gebe es zu. Dieser Mann war einer von meinen wenigen Vorbildern. Er war noch einige Jahre Pfarrer von Sankt Barbara. 1979 kam sein Nachfolger, Winfried Jansen. Auch er ein Priester mit Augenmaß und Wärme. Sankt Barbara hatte einen weiteren Glücksgriff getan.

Matthias Hockelmann wurde in seiner geliebten Eifel beigesetzt, in Brandscheid, einem kleinen Dorf bei Bleialf. Seine Pfarrkinder aus Oberliblar waren in großer Zahl zur Beerdigung gekommen, natürlich auch sein Nachfolger Pfarrer Jansen.

Zum ersten Mal hatte ich gesehen, dass auf dem Grabstein nicht etwa ein Kreuz oder ein anderes Symbol eingraviert war, sondern ein Kelch, über dem eine Hostie schwebt. Hier ruht ein Priester.

Pfarrer Hockelmann - um 1970

S.C. Fortuna Liblar gegen Glasgow Rangers

Ein Fußballspiel und seine Folgen

Ja, genau so stand es auf dem Plakat:

Pfingstsonntag 15:00 Uhr:
SC Fortuna Liblar gegen Glasgow Rangers

Das internationale Jugendturnier unseres Dorfvereins fand alljährlich zu Pfingsten statt. Es war durchaus international, allerdings beschränkte sich die Herkunft der ausländischen Mannschaften auf die grenznahen Gebiete von Holland, Belgien und Luxemburg.

Die Kommunikation funktionierte wie geschmiert, da zumindest einige der Gäste der deutschen Sprache mächtig waren. Und immer wohnte einer der Spieler im Hause Esser. Immerhin war mein Vater, Johannes Esser, in den sechziger Jahren und noch darüber hinaus Geschäftsführer des Fußballklubs, der trotz seiner Wurzeln in Oberliblar seit seiner Gründung im Jahre 1910 den Namen Fortuna Liblar trägt, sicherlich nicht nur, weil Fortuna nun mal die Glücksgöttin ist, sondern weil gerade zwei Jahre vor Gründung des Vereins die Liblarer Grube Donatus mit der Bedburger Fortuna AG fusioniert worden war.

Doch in das Jahr 1967. Zum ersten Mal war es gelungen, eine Jugendfußballmannschaft aus Schottland einzuladen. Eine Mannschaft aus Glasgow hatte zugesagt. Nicht die „Glasgow Rangers", sondern eine Mannschaft, die sich „The Celtic Football Club" nannte und auch aus Glasgow kam. Als der Fehler jemandem aufgefallen war, war es zu spät, die Plakate hingen. Wird schon niemand merken, dachte man im Verein etwas naiv. Dass zwischen beiden schottischen Vereinen eine lange, unerbittliche Feindschaft herrschte, hat niemand gewusst, auch ich habe es erst später erfahren.

Zunächst aber musste ein Dolmetscher gefunden werden, schließlich wollte man sich mit den „Engländern" ja irgendwie verständigen. Man einigte sich auf mich, „de Diete" war schließlich auf dem Gymnasium und hatte so was gelernt.

Mächtig stolz war „de Diete", als man ihn um diesen Gefallen bat. Nun ist es wichtig zu wissen, dass ich im Englischen durchaus ordentliche Noten in der Schule hatte, ordentlich für einen Oberliblarer mit seinen 15 Jahren. Allerdings hatten am altsprachlichen Gymnasium Brühl – wie es damals noch hieß – die alten Sprachen Latein und Griechisch eindeutig die Oberhand, Englisch lief als dritte Fremdsprache so nebenher. Aber ich sagte zu. Etwas anderes wäre mir auch nicht verziehen worden.

Und nun kam der Tag der Ankunft. Es war Freitag vor Pfingsten. Ein Reisebus, den die Schotten statt „bus" immer „coach" nannten, fuhr auf dem Parkplatz am Sportplatz vor. Der erste, der ausstieg, war ein kräftiger Schotte. Er war der Trainer der Jugendmannschaft.

Etwas unbeholfen nahm er die drei Stufen des Busses, trat auf den Parkplatz und fand sich der Abordnung des SC Fortuna Liblar gegenüber. Ganz vorne, noch unbeholfener als der schottische Trainer, stand der Dolmetscher, „de Diete". Schon die ersten Worte, die der kräftige Schotte sprach, brachten „de Diete" ins Schwitzen.

Ich gebe zu, kein einziges Wort verstanden zu haben. Der schottische Akzent war mehr als eine Herausforderung. Natürlich fragten die Liblarer Fußballgranden: „Und? Was hat er gesagt?"

Ich war nicht auf den Kopf gefallen und reimte mir etwas zurecht: „Sie sind glücklich, hier angekommen zu sein. Die Überfahrt war etwas rau. Aber jetzt sind sie ja hier." Etwas in der Art. Wird schon passen, dachte ich. „Wat für en Überfahrt?", fragte einer unserer Trainer. Eine Frage, die ich kurz entschlossen ignorierte.

Nun kam zum Glück der etwas entspanntere Teil der Begrüßungsveranstaltung. Herr Möhrer, seines Zeichens Postbeamter und Jugendleiter, zückte eine Liste, auf der die Namen der schottischen Spieler und ihre Gastfamilien notiert waren.

Er selbst ließ es sich nicht nehmen, die schottischen Namen vorzulesen. Und das klang etwa so: Marek Vergúsen wohnt bei Willi Klein, Robert Maguieere bei Müllers Karl usw.

Nun war der schottische Trainer seinerseits an der Grenze seines Sprachverständnisses angekommen. Also übernahm ich das Vorlesen der Namen und versuchte Ferguson und McGuire richtig auszusprechen. Da die richtige Aussprache des Schottischen im Gymnasium Brühl aber nicht auf dem Lehrplan stand, dauerte es und dauerte es, bis die Zuordnung nach 45 Minuten tatsächlich erledigt war.

Zum Glück hatten auch wir einen schottischen Gast im Haus, den Torwart Robert. Er war sympathisch und ich vertraute mich ihm an: „Robert, I can't understand your Scottish!" Robert reagierte super und sagte etwas wie: „Du musst nur genau hinhören, wir in Glasgow sprechen so etwas wie Dialekt." Das war nicht sehr beruhigend, aber durch den Kontakt mit Robert gelang es mir, wenigstens die Grundzüge dessen, was in den folgenden Tagen gesprochen wurde, einigermaßen zu verstehen.

Zu meiner Aufgabe gehörte es, das Unterhaltungsprogramm zu begleiten. Schon am folgenden Tag, Pfingstsamstag, ging es nach Köln. Dombesteigung, Altstadt, Hohe Straße. Und ich verstand plötzlich etwas mehr von dem schottischen Englisch.

Bei der Dombesteigung fiel mir allerdings auf, dass die jungen Leute und sogar der kräftige Trainer ein Tempo vorlegten, das ich unserem geliebten Verein hätte melden müssen. Die Jungs waren körperlich so fit, dass ich bereits ahnte, wie die Fußballspiele enden würden.

Am Samstagnachmittag fand das erste Fußballspiel statt: Der VfB Lechenich trat mit seiner besten Truppe in Liblar an. Da irgendein Witzbold des Liblarer Vereins die schon erwähnten Plakate hatte anfertigen lassen, auf denen in großen Lettern „Glasgow Rangers" stand, war unser kleiner Fußballplatz zum Bersten gefüllt.

Zur großen Freude meines Vaters überstiegen die Einnahmen alles bisher Dagewesene. Dass das Spiel 16:2 für die „Glasgow Rangers" ausging, war nur noch eine Randnotiz.

Und so blieb es. Keine der eingeladenen Mannschaften, auch die Holländer, hatte auch nur den Hauch einer Chance gegen die übermächtigen Spieler aus dem schottischen Glasgow.

Der Pfingstmontag war für das Phantasialand reserviert. Allerdings mussten wir pünktlich um 16:30 Uhr zu einem weiteren Fußballspiel auf dem Aschenplatz des SC Fortuna zurück sein. Das Phantasialand, das erst drei Monate vorher eröffnet worden war, bestand zu jener Zeit nur aus einem See, um den herum sich ein paar Märchenkisten gruppierten, so dass es kein Problem war, zu der festgelegten Zeit auch wirklich zurück zu sein.

Dann kann der Abschied. Der Trainer der Schotten nahm mich zur Seite und ich will versuchen, seine Worte so wiederzugeben, wie er sie ausgesprochen hat.

Es klang etwa so: „Deer (Dieter), ye did e greeeat jooob. Ef ye loik, ye ken visit es in Glasge" – if you like, you can visit us in Glasgow! Ich war eingeladen, nach Glasgow, nach Schottland!!!

Für meinen Vater als Bundesbahnbediensteten stellte es kein Problem dar, eine erschwingliche Fahrkarte nach Glasgow zu besorgen. Und so fuhr „de Diete" in den Sommerferien desselben Jahres über Aachen, Lüttich, Brüssel nach Ostende. Von dort mit der Fähre nach Dover, von Dover nach London. In London musste ich Euston-Station finden, was mir auch so rechtzeitig gelang, dass ich den Schnellzug von London nach Glasgow erreichte. Es war mein erstes großes Abenteuer auf internationa-ler Ebene.

Was ich jetzt erzähle, ist eigentlich kaum zu glauben. Der Schnellzug fuhr im Glasgower Bahnhof ein und es erwartete mich eine ganze Abord-nung der schottischen Mannschaft – etwa 20 Personen. Ich fühlte mich wie ein Promi, allerdings ein wenig beschämt.

Nun dachte ich, es gehe mit dem Auto weiter. Weit gefehlt. Niemand aus dieser Truppe hatte ein Auto. Also bestiegen wir gemeinsam einen der zahlreichen Stadtbusse. Ich war fasziniert von dieser völlig anderen Welt. Glasgow, eine Industriestadt im Norden des vereinigten Königreichs. Und ich mittendrin.

Ein wenig irritiert nahm ich zur Kenntnis, dass wir die große Stadt mit ihren prächtigen, wenn auch renovierungsbedürftigen Gebäuden hinter uns ließen und noch etwa 2–3 Meilen weiter fuhren. Ich hatte schon von Köln-Kalk gehört, ich hatte in amerikanischen Filmen so etwas wie Haar-lem gesehen, aber dieser Ort, Easterhouse, übertraf alles. Ich übertreibe nicht, wenn ich sage, dass dies der heruntergekommenste Ort war, den ich bisher gesehen hatte.

Wir stiegen aus. Ich wohnte bei Robert, dem Torhüter, der in Liblar unser Gast gewesen war. Roberts Mutter, eine Mama von italienischem Zuschnitt, begrüßte mich, indem sie mich an ihre Brust drückte und mich mit „Welcome, Dee..r" begrüßte.

Die Herzlichkeit der Menschen von Easterhouse war überwältigend für mich. Wie es in den sechziger Jahren üblich war, wussten meine Eltern weder, ob ich gut angekommen war, noch wo ich untergebracht war. Das würde sie erst in fünf bis sechs Tagen erfahren, wenn eine Postkarte aus Glasgow in Oberliblar ankommen würde. Und dann würden sie es von Ännchen erfahren, der Postbotin, die schon in den frühen Morgenstunden alle Postkarten für „Ort 3/ Oberliblar" gelesen hatte. Ein Telefonat kam übrigens deshalb nicht in Frage, weil unsere Familie 1967 kein Telefon besaß.

Und so gingen wir, Robert und Alex links, „de Diete", der hier nur der „Peter with a D" genannt wurde, in der Mitte, Jack und Ian rechts, durch Easterhouse. Nun muss man wissen, dass Glasgow und seine Außenbezirke streng getrennt waren, nach katholisch und protestantisch.

Zum Glück für mich war ich katholisch und Easterhouse war ein katholisches Arbeiterviertel. Das war durchaus wichtig, was ich erst begriffen habe, als meine schottischen Freunde und ich auf eine Gruppe von, sagen wir, „Brennpunktjugendlichen" trafen. Offenbar mussten meine Begleiter erklären, wer dieser komische Fremde da wäre. „He's ok. He's a Fenian" hörte ich. Sie ließen uns passieren, aber warum? Weil ich ein „Fenian" war? Ich wollte das Wort „Fenian" in meinem Wörterbuch nachschlagen, fand es aber nicht. Von Robert erfuhr ich, dass es eine Bezeichnung für irischstämmige Katholiken war. Gut, ich war nichts weniger als irischstämmig, aber Katholik, also war alles in Ordnung.

Um Glasgow zu verstehen, muss man wissen, dass auch die beiden großen Fußballklubs traditionell in katholisch und protestantisch getrennt waren. Celtic Glasgow ist der Verein mit katholischen Wurzeln, die Mitglieder stammten fast alle aus den Vororten, die mehrheitlich von irisch-katholischen Einwanderern bewohnt waren. Die Glasgow Rangers hingegen haben bis 1989 darauf bestanden, dass alle Spieler Protestanten sein mussten. Als mir dies klar wurde, konnte ich nur hoffen, dass keiner unserer schottischen Fußball-Gäste in Liblar das Plakat gesehen hat, auf dem die erzprotestantischen Glasgow Rangers als Gegner von Fortuna Liblar angekündigt worden waren.

In dem grauen Wohnblock, in dem ich untergebracht war, wohnte auch Eyelyn. Sie war hübsch und die schottischen Jungs forderten mich auf, sie doch ins Kino einzuladen. Es dauerte eine Weile, bis ich mich traute. Doch zu meinem Erstaunen nahm Evelyn meine Einladung sofort an. Im Kino lief der Film „The Witchhunter", zu Deutsch „Der Hexenjäger" mit Vincent Price in der Hauptrolle. Von dem Film habe ich aus verständlichen Gründen weder viel verstanden noch viel gesehen. Nach dem Film lud ich Evelyn in ein „Wimpy" ein, wo wir über einer Cola ins Gespräch kamen.

Als ich sie fragte, was ihr Vater so macht, begann sie zu weinen und sagte: „He is on a ship". Aha, dachte ich, sie vermisst ihren Vater, der zur See fährt.

„Zu Hause", also bei Robert, angekommen, erzählte ich von der hübschen Evelyn und unserer angenehmen Plauderei, auch die Tränen des Mädchens erwähnte ich. „Du hast doch hoffentlich nicht nach dem Vater gefragt", meinte Robert. Zu meiner Schande musste ich zugeben, dass ich genau das getan hatte. Robert schlug die Hände über dem Kopf zusammen und erklärte mir, Evelyns Vater sitze für zwei Jahre wegen irgendetwas im Gefängnis.

Da ich ein vorwitziger Kerl war, der an Sprache interessiert war, fragte ich die Jungs ständig, was dieser oder jener Ausdruck bedeutet und woher dieses oder jenes Wort kommt. Und jedes Mal antworteten sie, geradezu philosophisch: Wörter kommen nirgendwo her, Wörter sind einfach da.

Ich musste mich damit zufriedengeben, hörte aber nicht auf, Wörter aufzuschreiben, nachzuschlagen und die Schotten nach deren Bedeutung zu fragen. Ich weiß, ich habe sie damit genervt.

Dann hieß es Abschied nehmen. Wieder fand sich eine Delegation auf dem Hauptbahnhof von Glasgow ein. Ich stand im Abteil, öffnete, was damals noch möglich war, das Abteilfenster und wollte zum Abschied winken. Es war Alex, der mir ein Geschenk reichte. Es fühlte sich wie ein Buch an und war säuberlich in Geschenkpapier eingewickelt.

Der Zug fuhr ab, ich ließ mich traurig und voller Eindrücke auf den Sitz fallen und betrachtete mein Geschenk. Vorsichtig entfernte ich das Geschenkpapier – und was sah ich: Ein brandneues Buch mit dem Titel

„Chamber's Etymological Dictionary of the English Language", ein Wörterbuch, in dem die Herkunft aller englischen Wörter erklärt ist.

Ich hatte sie ständig mit meinen Fragen genervt und hier war ihre Antwort. Ich war gerührt. Nun öffnete ich das Buch und wunderte mich, dass die erste Seite in diesem eindeutig neuwertigen Buch offensichtlich herausgerissen war. Ich betrachtete das Buch von allen Seiten und fand einen Stempel, auf dem stand: „Lochend Secondary School" – die Jungs hatten dieses Buch also in ihrer Schule, sagen wir, „besorgt".

Einer besonderen Ironie des Schicksals ist es zu verdanken, dass Alex später Polizist wurde. Bei einem meiner Besuche in Schottland erwähnte ich das wunderbare Buchgeschenk. Selbst als Polizist kam ihm Folgendes über die Lippen: „Well, they had three and you had none" – na ja, die hatten drei und du hattest keins. Das war die Logik von Easterhouse.

Die internationalen Jugendturniere wurden irgendwann eingestellt, aber der 1910 gegründete Fußballverein S.C. Fortuna Liblar existiert immer noch und immer noch ist Schottland neben Italien mein absolutes Lieblingsland.

Schloss Gracht - Postkarte von 1913

Wo es singt und kracht - Schloss Gracht

Graf Metternich würde sich vermutlich im Grabe umdrehen, wenn er wüsste, was wir, die Liblarer und Oberliblarer Jugend, in diesem wunderbaren Schloss erlebt haben.

Aber langsam. Es ist eines der schönsten Schlösser des Landes, zumindest unseres Bundeslandes. Die Vorburg mit der Carl-Schurz-Gedenktafel (Schurz wurde in dieser Vorburg geboren, links unmittelbar hinter dem Torbogen), dann dahinter das eigentliche Schloss mit dem wunderbaren Rittersaal. Das Ganze wird komplettiert durch einen französischen Garten, wie es damals üblich war.

Die Idee eines Amerikaners, in dem Schloss ein All-you-can-eat-Restaurant einzurichten, setzte sich nicht durch. Vielleicht war der Preis einfach zu hoch, und so viel Schickeria gab es in unserer Gegend einfach nicht.

Dann wurde umgebaut, Mitte der sechziger Jahre. Und hier beginnt meine erste Geschichte.

Umfangreiche Bauarbeiten waren im Gange, als ich mit meinem Kumpel Rainer, nachdem wir wieder einmal den Weg von Oberliblar nach unten gefunden hatten, auch am Schloss vorbeikamen.

Ich hatte in meinem Leben ruhige Phasen. Zu dieser Zeit aber muss ich wohl eine Abenteuerphase durchlebt haben. An jenem Tag im Sommer 1966 oder 1967 überredete ich Rainer, mit mir einen Blick hinter die Mauern des Schlosses zu werfen.

Nach einem zögernden „dat kannste nit maache" seinerseits betraten wir den Innenhof der Vorburg. Natürlich hatte ich schon oft die kleinen weißen Türmchen ganz oben auf dem Schloss gesehen und mich gefragt, ob es einen Weg dorthin gab. Man müsste doch nur über die Brücke zum eigentlichen Schloss, dann durch die große Eingangstür …

Ich versuchte Rainer klarzumachen, was ich vorhatte. Er winkte ab. Nach einem weiteren „dat kannste nit maache" hatte ich ihn soweit. Um nicht aufzufallen, wollten wir als Bauarbeiter durchgehen. Also forderte ich Rainer auf, mir beim Tragen eines langen Schalbretts zu helfen. Ich also vorne, das Brett in der Hand, er hinten als Träger gingen wir jeweils mit einem freundlichen „Guten Morgen!" an den Arbeitern vorbei, dann an einer Gruppe von Männern, die über Pläne gebeugt waren. Auch sie grüßten freundlich zurück.

Nun waren wir über die Brücke zum Haupteingang gelangt. Rainer klammerte sich immer noch an sein Brett und ich bat ihn, es doch jetzt endlich abzulegen. Er schlich hinter mir her und wir kamen an das Treppenhaus in der Nähe des Rittersaals. Viele Stufen fehlten, aber das Geländer schien in Ordnung zu sein. Also hangelten wir uns am Geländer entlang bis in die obere Etage.

Da offenbar auch hier Bauarbeiten durchgeführt wurden, stand die Tür zum Dachboden offen. Ein schmales Brett sagte mir, dass wir nur über diesen Weg zu einem der weißen Türmchen gelangen würden. Also balancierten wir – Rainer war jetzt mutiger geworden – über dieses schmale Brett bis ans hintere Ende des riesigen Daches. Ich hatte es geahnt: Nur eine kleine Tür war noch zu öffnen und vor mir führte eine Metallwendeltreppe noch einige Meter nach oben.

Was für ein tolles Gefühl! Wie lange wird wohl niemand hier gewesen sein? Ich nahm, dicht gefolgt von Rainer, die wenigen Stufen bis zum Ende der Wendeltreppe. Durch die weißen Lamellen des Türmchens konnte ich auf den Schlosspark hinunterschauen. Rainer zog es vor, Richtung Lechenich zu schauen und immer wieder „da, guck mal" zu rufen: Er kommentierte, was ich selber auch sah: die Kirche, das Dach des Fronhofs, die Köttinger Straße und die Felder vor Blessem.

Wir blieben etwa zwanzig Minuten. Dass der Rückweg ebenso gefährlich war, störte uns nicht weiter. Wenn die Arbeiter oder ein Architekt uns unten aufhalten würden, dachte ich, wäre das nicht mehr so schlimm. Wir hatten ja unser Ziel erreicht: Im Türmchen gewesen zu sein.

Natürlich glaubte uns niemand, welch großartige Leistung wir da vollbracht hatten. Ich gebe zu, unglaublich stolz gewesen zu sein.

In all meinen Jahren als Lehrer am Ville-Gymnasium bin ich oft mit Klassen im Innenhof der Burg gewesen, um den Schülern die Carl-Schurz-Gedenktafel zu zeigen. Natürlich konnte ich es mir nicht verkneifen, neben anderen Geschichten auch von der Sache mit dem Türmchen zu erzählen. Aber gehen wir ein Stück in der Zeit weiter.

Für die Liblarer Jugend begann die beste Zeit des Schlosses 1968. Nach den umfangreichen Umbauarbeiten erstrahlte Schloss Gracht in neuem Glanz. Aus den Räumen in der Vorburg waren viele einzelne Zimmer gestaltet worden. Hier sollten junge Leute aus aller Welt Deutsch lernen. Die Zeit des Goethe-Instituts hatte begonnen.

Und so kamen im Zweimonatswechsel Amerikaner, Japaner, Dänen, Italiener und viele andere. Und, das war für uns Jungs nicht ganz unwichtig, es kamen auch Amerikanerinnen, Japanerinnen, Däninnen, Italienerinnen und viele andere nach Liblar, jenem Städtchen bei Köln, von dem sie vermutlich vorher noch nie gehört hatten.

Mit großer Hingabe und völlig selbstlos halfen wir den Däninnen, den Spanierinnen, aber auch den männlichen Studenten beim Erlernen unserer wunderbaren deutschen Sprache. Es gab in diesen Jahren wohl kaum einmal einen Abend, an dem wir nicht ins Schloss kamen. Zum Tischtennis-Spielen, zum Zuhören, zum Reden. Es war eine tolle Zeit. Wir Leute aus der Provinz hatten endlich einmal die Chance, zu sehen, dass es auch andere Nationen gab. Und die jungen Leute aus all diesen Nationen kamen tatsächlich in unser Liblar.

Das Beste fand immer freitags oder auch samstags am Abend statt. Jeweils eine Nation veranstaltete im „Kuhstall", dem Restaurant in der Vorburg, am Ende der Woche einen Abend, der unter dem Motto ihres

Landes stand. So gab es den amerikanischen Abend, an dem die Liblarer Jugend zum ersten Mal einen Burger sah und essen durfte, einen türkischen Abend, an dem zu türkischer Musik getanzt wurde. Es gab den asiatischen Abend, auch wenn sich die Japaner und die Chinesen und die Handvoll Vietnamesen wohl vorher erst einigen mussten, was denn ein typisch asiatischer Abend sei. Natürlich gehörte ein asiatisches Essen dazu, bei dem wir, auch das zum ersten Mal, Stäbchen sahen, mit denen die jungen Asiaten tatsächlich Reis schaufeln konnten. Uns gab man großzügigerweise Gabeln. Es gab aber auch den freien Abend, d. h. es gab kein bestimmtes Motto, es wurde einfach nur getanzt. Der Renner damals war „In-A-Gadda-Da-Vida" von Iron Butterfly. War das Stück 12 Minuten lang oder noch mehr? Diese Zeit ist unvergessen.

Liblar profitierte von dem internationalen Flair. Aber einer profitierte am meisten, und ich meine damit finanziell. In seinem „Altstadt-Grill" in der Carl-Schurz-Straße verköstigte Herr Effenberger samstags und sonntags die Mehrzahl der im Schloss befindlichen Jugendlichen aus aller Welt, denn ab Freitagabend blieb die Küche im Schloss kalt. Auch die übrige ortsansässige Gastronomie rieb sich die Hände. Ich gönne es ihnen.

Die Schließung der Küche war allerdings auch ein Grund dafür, dass ich selber Freunde fand, mit denen ich bis heute Kontakt habe. Da war Jon Elvert, der Amerikaner, den ich schon im Zusammenhang mit unserem Bernhard erwähnt habe. Er liebte den Sauerbraten, den es im Hause Esser sonntags gab.

Dann muss ich meinen Freund Valter erwähnen, dessen Name Deutsch klang, der aber mit V geschrieben wurde. Er besaß einen kleinen Mini mit italienischem Kennzeichen. Interessiert stand ich vor dem kleinen Mini und fragte, ich gebe zu etwas ungelenk, ob er aus Italien komme. Die Frage war völlig überflüssig, denn das war nun mal nicht zu übersehen. Das MO auf dem Nummernschild stand für Modena. Auch Valter freundete sich mit mir an, genoss den Sauerbraten bei Essers und übernachtete sogar bei uns in der Heidebroichstraße. Wir hatten ein kleines Bügelzimmer, in dem ein Bett stand. Valter fühlte sich sehr wohl.

Er lud mich ein, ihn im Sommer zu Hause in Italien zu besuchen. Da mein Vater, wie schon mehrfach erwähnt, bei der Bundesbahn arbeitete,

112

war es kein Problem, eine preiswerte Fahrkarte von Erftstadt, so hieß unsere Ansammlung von Dörfern seit 1969, nach Modena zu bekommen. Der Holland-Italien-Express, der jahrzehntelang von Amsterdam nach Rom gefahren ist, fuhr 0:12 Uhr ab Köln Hbf und brauchte genau 14 Stunden für die wunderbare Fahrt durch die Schweiz, die Grenzkontrollen in Basel und Chiasso und den längeren Halt in Mailand, bis er in Modena anhielt.

Valter stand auf dem Bahnsteig, begrüßte mich in seinem durchaus ausbaufähigen Deutsch und führte mich zum Parkplatz. Ich erinnere mich an einen großen Wagen, mit dem wir etwa eine halbe Stunde bis zu Valter, vielleicht sollte ich sagen bis zum Anwesen von Valters Familie fuhren.

Ich schämte mich ein wenig, als ich das riesige Haus sah, dass dieser Valter bei uns in Oberliblar in einer Hundehütte, die wir Bügelzimmer nannten, übernachtet hatte. Sein Vater betrieb einen Obsthandel, wo auch Valter arbeitete, mit Transporten in andere europäische Länder. Und ich, der Oberliblarer Student, genoss jede Minute in Vignola. Ich kann gar nicht aufzählen, wie oft ich selbst und später mit meiner Frau und meinen beiden Söhnen in all den Jahren bis heute in Vignola zu Gast war.

Nach nur vier Jahren war das Goethe-Institut nicht mehr zu halten. Die Kosten waren explodiert. Also musste das Schloss einer anderen Bestimmung zugeführt werden. Aufgrund der zahlreichen Zimmer aus der Zeit des Goethe-Instituts eignete es sich nach einigen Renovierungsarbeiten für etwas, was der Volksmund die „Managerschule" nannte. Bis ins Jahr 2019 wurde das Schloss vom Institut für Wirtschaft, auch in Anbindung an Universitäten genutzt. Nach einer erneuten Restaurierung beherbergt es seitdem ein medizinisch-psychologisches Institut.

Als mein Freund Valter mich 2019 besuchte, ließ er sich nicht davon abbringen, schon in den frühen Morgenstunden einen Gang durch den von ihm vor vielen Jahrzehnten bereits erkundeten Schlosspark zu machen. Entsetzt kam er von seinem Spaziergang zurück und erzählte mir, dass aus den Schwänen vermutlich durch Mutation rattenähnliche Nutrias geworden seien. Ich solle doch bitte etwas unternehmen. Aber was?

Unsere Sprache 2:

De Jaareshauppvesammlung

Unser Dialekt, das sei aus Bescheidenheit gesagt, ist kein eigener Dialekt. Es ist im weitesten Sinne der rheinische, d. h. der Kölner Dialekt. Und auch unser Humor, wie wir gleich sehen werden, ist im weitesten Sinne Kölner Humor. Je mehr wir uns aber vom Dom entfernen, desto eigenständiger werden Humor und Sprache.

Dass das englische „do" und „does" fest in unserem urgermanischen Dialekt verwurzelt ist, hatten wir bereits im ersten Sprach-Kapitel gesehen. Allerdings gibt es auch die erweiterte Form als Vorbereitung für Infinitive in Aufforderungen.

Wenn zum Beispiel die Mutter sagte: „Tust du dat de Oma bringen?", meinte sie natürlich: „Bring das der Oma!" Was im Dialekt wie eine Frage klingt, ist nichts als ein Befehl.

Und ebenso ist es gemeint, wenn es heißt: „Tust du fleißig lernen?" oder „Tust du heut der Onkel anrufen?" Letzteres ging natürlich erst ab 1970, wie dem aufmerksamen Leser nicht entgangen sein wird, denn zu dieser Zeit erst hielt das Telefon Einzug im Hause Esser.

Interessant zu sehen und zu hören war auch, wie unterschiedlich die Sprachebenen verwendet wurden. Und so konnte man bei Tisch bei uns zu Hause etwa Folgendes hören:

Vater (zu mir, 14 Jahre): „Du hilfs mir höck Nommedaach em Jade! Me mösse de Bööm schnigge" – du hilfst mir heute Nachmittag im Garten. Wir müssen die Bäume schneiden.

Derselbe Vater (zu meiner Schwester, 8 Jahre) in reinem Hochdeutsch: „Und du kannst deiner Mutter in der Küche helfen!"

Es war schon auffällig zu beobachten, dass mit einem Jungen selbstverständlich Kölsch/Dialekt gesprochen wurde, während ein Mädchen in Hochdeutsch angesprochen wurde. Es galt also offensichtlich als unfein, mit einer Frau oder einem Mädchen Kölsch zu sprechen, weil man sich vermutlich vorstellte, wie es klänge, wenn dieses Mädchen tatsächlich Dialekt spräche. Und für Männer schien das völlig normal zu sein?

Am schönsten fand ich persönlich immer die Mischung aus Hochdeutsch und Dialekt.

Bei der Jahreshauptversammlung, sagen wir des Fußballvereins, im Dialekt „Jaareshauppvesammlung" genannt, war etwa Folgendes zu hören:

Vorsitzender: „Wir blicken auf ein erfolgreiches Jahr zurück. Besonders erwähnen möchte ich den Aufstieg unserer B-Mannschaft!" Dann, an die Zuhörer gewandt: „Heh künnder ruhisch ens klatsche" – hier könnt ihr ruhig mal applaudieren.

Nach dem Applaus fuhr er fort:

„Des Weiteren freue ich mich, Ihnen hier den neuen Schatzmeister präsentieren zu dürfen."

Jetzt betritt ein Kellner den Saal, schaut sich etwas hilflos um und wartet auf Hilfe. Die kommt auch prompt von unserem Vorsitzenden:

„Die zwei Frikadelle und dat Kölsch mit dem Wacholder kütt heehin, bei mich."

„Unser diesjähriger Ausflug", fährt der Vorsitzende fort, wobei „Ausflug" so klingt wie „Ausfluch", „führte uns an die Ahr. Ich erinnere mich noch heute gerne daran zurück, auch wenn – du wells dat bestemmp net hüüre, Willi – der eine oder andere doch etwas über die Stränge geschlagen hat."

Da er angesprochene Willi nicht reagiert, sondern fortwährend das Bier in seinem Glas betrachtet, spricht der Vorsitzende ihn an:

„Weeste noch, Willi, wie du der Kellnerin de Schötz opjemaat häs un die sich erömdrieht un dir een jeklatsch hätt?"

Der Willi, der selbstverständlich noch genau wusste, wie er der Kellnerin die Schürze aufgemacht hat, worauf sie sich herumgedreht und ihm eine runtergehauen hat, winkt nur müde ab. Weshalb der Vorsitzende zum formalen Teil zurückkommt:

„Zum Abschluss des Jahres möchte ich allen von Herzen „vergällt Scott" zurufen, die zum Gelingen all unserer Projekte beigetragen haben.

Besonders hervorheben möchte ich – ich weeß, dat du dat net jään hüers – wie du, lieber Michel, das Jugendturnier organisiert hast."

Und ganz gleich, ob der Michael das gerne gehört hat oder nicht, der Vorsitzende redet noch eine halbe Stunde und springt in seiner fantastischen Mehrsprachigkeit weiter von einem zum anderen Idiom.

Frau Kolvenbach un de Huusmeester

Nicht unerwähnt lassen möchte ich, dass Sprache und Wahrnehmung in unmittelbarem Zusammenhang stehen. Ich erlebte folgende Unterhaltung in der Kreissparkasse, im Dialekt müsste ich sagen „auf der Kreissparkasse", obwohl wir gar nicht auf dem Dach der Kreissparkasse waren. Aber „auf der Kreissparkasse" ist natürlich kein Dialekt, im Dialekt heißt es korrekt „op de Kass".

In der Kreissparkasse jedenfalls sieht mich Frau Kolvenbach und sagt: „Och, beste jetz och op de Kass. Isch hann dich evens noch om Kirchhoff jesinn. Et nächst Mol jist de eene us!" (Och, bist du auch in der Kreissparkasse? Ich hab dich eben noch auf dem Friedhof gesehen. Beim nächsten Mal gibst du einen aus).

Da ich nicht auf dem Friedhof gewesen bin, versicherte ich wahrheitsgemäß: „Dat kann net sinn, ich wor jarnet om Kirchhoff."

Frau Kolvenbach, nicht überzeugt: „Doch, dat wors du. Ich meent noch: waröm säät dä net de Daachszick?"

Das ist für Nicht-Kölsche schwer zu verstehen, denn „de Daachszick", also die Tageszeit sagen, heißt „guten Tag" sagen.

Ich versuchte es noch einmal, ihr klarzumachen, dass sie sich irre, weil ich tatsächlich nicht auf dem Friedhof gewesen bin: „Frau Kolvenbach, ihr mööt üch verdonn. Ich wor net om Kirchhoff."

Doch das beeindruckte sie nicht, sie wollte mich mit ihren eigenen Augen gesehen haben: „Ja meenste velleech, ich hätt ken Ooje em Kopp? Ich hann dich doch jesinn, met denge lange Hoore. Un säät net ens de Daachszick!"

116

Sie war sich halt sicher, mich an meinen langen Haaren erkannt zu haben. Weil ich es nicht auf mir sitzen lassen wollte, sie nicht begrüßt zu haben, versicherte ich ihr, schon leicht verzweifelt:

„Wenn ich üch jesinn hätt, hätt ich doch de Daachszick jesaat!"

Frau Kolvenbach, durchaus nicht auf den Kopf gefallen, antwortete: „Dann häss de mich bloß net jesinn un wörs doch om Kirchhoff! Ich hann dich ävve jesinn!"

Neuer Versuch meinerseits: „Wenn isch et doch saje, ich wor net op em Kirchhoff. Isch wor en Kölle."

Frau Kolvenbach, völlig unbeeindruckt von meiner Erklärung, in Köln gewesen zu sein: „Könns jo wennistens de Daachszick saje."

In einer solchen Situation wechselt man das Thema:

„Und, Frau Kolvenbach, wat maad ür höck noch?"

„Och, hüür mer op. Ich moss noch nom Metzjer un höck Nommedaach kriejen isch Besöök."

Hat geklappt, denke ich, Frau Kolvenbach spricht vom Metzger und ihrem Besuch, meine angebliche Unhöflichkeit hat sie vergessen. Vielleicht.

Zum unverzichtbaren Repertoire unseres Dialekts gehören feste Formeln. Eine davon hat unsere Frau Kolvenbach soeben verwendet: „Hüür mer bloß op!" Gemeint ist damit, dass das soeben Erzählte den Rahmen sprengt und man es vorzieht, weiter nicht darüber zu reden. Könnte man als Außenstehender denken. Aber nach einem „Hüür mer bloß op" hört der andere nicht etwa auf, sondern redet und redet und redet …

Noch beliebter ist ein Ausdruck, der so viel bedeutet wie: Egal, ob es dir gefällt oder nicht, man muss es einfach tun oder hinnehmen. Der Ausdruck ist „nötz jo nix". Eigentlich bedeutet das: Es nützt ja nichts, was etwa heißen könnte, dass irgendeine Anwendung, ein Mittel oder sonst etwas keinen Nutzen bringt.

Aber nein, in unserem Dialekt heißt „nötz jo nix" Augen zu und durch, was, so vermute ich, man in keinem anderen Teil Deutschlands verstehen würde.

Eng verknüpft mit dem Dialekt ist selbstredend unser Humor. Ich will nicht behaupten, dass es einen Oberliblarer oder Unterliblarer Humor gibt; es ist wohl im weitesten Sinne der rheinische Humor, aber unser Humor ist schon etwas Besonderes. Vielleicht würde auch dies außerhalb unserer rheinischen Tiefebene niemand verstehen:

Wir stehen auf der Kirmes an der Würstchenbude. Da kommt jemand auf uns zu und fragt: „Ich suche einen Herrn Willwerts. Wisst ihr, wo der ist?"

Und nun Achtung! Der Herr neben mir zeigt auf einen Mann, etwa 20 Meter entfernt, und sagt mit ernster Miene: „Dat is der doh hinge, an de Bank, der hätt op de räächte Sigg nur ene Ärm, ävver sprech en net drop aan!"

Im Hochdeutschen würde das Ganze an Lebendigkeit und Witz verlieren. Immerhin wäre die Pointe noch vorhanden: „Das ist der dort hinten, an der Bank, der hat auf der rechten Seite nur einen Arm, aber sprich ihn nicht darauf an!"

Unverwechselbar rheinisch. Ebenso wie mein letztes Beispiel, bei dem ich persönlich das Opfer des Humors war:

Der liebe Herr Binz, ein von mir sehr geschätzter Hausmeister unseres Gymnasiums in den neunziger Jahren, bringt Müll in den dafür vorgesehenen Abstellraum am Parkplatz des Ville-Gymnasiums. Ich hatte an diesem Tag die ersten beiden Stunden frei, komme also mit meiner Tasche gegen 9:45 Uhr über den Parkplatz und begegne Hausmeister Binz. Wie aus der Pistole geschossen warf er mir folgenden Satz entgegen:

„Jaja, für dat Jeld könne die ene ussjeschloofene Mann verlange!"

Wer im rheinischen Humor zu Hause ist, braucht die Erklärung nicht, aber dennoch: Was steckt alles in diesem Satz? Für das Geld bedeutet: Du verdienst dreimal so viel wie ich und kommst jetzt erst zur Arbeit, während ich schon seit 6:00 Uhr hier meinen Dienst tue. „Ene ussjeschloofene Mann" kritisiert, dass ich vermutlich erst gegen 8:30 Uhr ausgeschlafen aus dem Bett gekommen bin. Mit Recht, so meint er, kann also meine Firma, in dem Fall die Schule, verlangen, dass ich ausgeschlafen meinen Dienst versehe …

Kölscher, tiefsinniger, dreimal um die Ecke gedachter Humor.

Fast wahre Geschichten

Noch heute, Jahrzehnte nach dem Baubeginn im Süden von Liblar, sprechen ältere Bürger vom „Neubaugebiet". Dieser Baubeginn war am Ende der Sechzigerjahre und in den siebziger Jahren konnte man bestaunen, was dort, wo früher Felder waren, entstanden war.

1970 gab es den ersten „Wohnpark-Report". Maßgeblich beteiligt am Zustandekommen und an der erfolgreichen Fortsetzung dieser kostenlosen Broschüre waren Walter Keßler, Gisela Koschmider, Günther Lapp, Barbara Henseler, Werner Birkwald und später Prof. Manfred Görlach.

Als alter Oberliblarer habe ich die Entwicklung natürlich aufmerksam verfolgt. In den Schulen, also auch an „meiner" Schule, saßen Schülerinnen und Schüler, die in Straßen wohnten, die ich vorher nie gehört hatte. Wir wussten zwar, wer Bertolt Brecht, Leibniz, Kant, ja sogar Henry Dunant und einige der anderen waren, aber dass Liblar, unser Liblar, jetzt Straßennamen mit diesen Persönlichkeiten bekommen hatte, war zunächst fremd für uns.

Und es klang schon komisch, wenn jemand von der „Hennri-Dünang-Straße" sprach. Vielleicht hätte der Initiator der neuzeitlichen Olympischen Spiele, also „Ohri Dünoh", ihm das verziehen.

Eines Tages fragte mich Walter Keßler, ob ich Lust hätte, etwas für den „Wohnpark-Report" zu schreiben. Es sollte etwas Heiteres sein, das die Problematik des Zusammenwachsens irgendwie erfassen sollte.

Und so entstanden die beiden folgenden Geschichten. Natürlich habe ich mir lange überlegt, ob meine, durchaus ein wenig bösartigen Geschichten hier ihren Platz haben. Ich meine ja.

Also lauschen wir zunächst einem fiktiven Vortrag aus dem Jahr 3077.

Ausgrabungen in Lieblos

Meine sehr verehrten Damen und Herren!

Ich habe heute die Ehre, als Vertreter der Universität Marsdorf zu Ihnen zu sprechen. Mein Thema sind die jüngsten Ausgrabungen in der Köln-Bonner Bucht, die, wie Sie alle wissen, bis zum 21. Jahrhundert von Menschen bewohnt gewesen sein muss und die aus bisher ungeklärten Gründen bis vor einem Jahr unter einer dicken Erdschicht lag.

Es ist uns Archäologen gelungen, große Teile einer Siedlung freizulegen, die einmal den Namen Erftstadt oder ähnlich getragen haben muss. Es wurde eine Tafel gefunden, vermutlich ein Ortsschild, auf dem die Buchstaben „L I * L" zu lesen sind, vielleicht auch „L I B L oder „L I * B L". Über die Bedeutung dieser Buchstaben sind wir uns noch nicht im Klaren.

Vermutlich handelt es sich bei „L I B L" nur um die ersten Buchstaben des Namens. Mein Kollege Prof. Heck hat als hypothetische Konjektur „L I E B L O S" vorgeschlagen. Eine – ich möchte das noch einmal betonen – reine Hypothese, für die allerdings spricht, dass Stadtplanung und Bauweise dieser Ansiedlung, soweit wir das beim gegenwärtigen Stand der Ausgrabungen sagen können, durchaus etwas Liebloses an sich haben. Nehmen wir also an, dass die Siedlung „Erftstadt-Lieblos" geheißen hat.

Unsere Grabungen begannen im höher gelegenen Teil des Ortes. Zunächst stießen wir auf die Grundmauern eines recht großen Gebäudes. Wiederum brachten uns die Reste einer Inschrift auf die Spur: „B * H N H". Nun, für uns Spezialisten für die Zeit um das Jahr 2000 war das kein Problem. Aus einem fragmentarisch erhaltenen Lexikon, das auf das Ende des 20. Jahrhunderts datiert wird, ist uns bekannt, dass der Begriff „Bahnhof" eine Haltestelle für Eisenwagen, auch Eisenbahn genannt, bezeichnet hat. Wir haben also gute Gründe, wenn wir annehmen, bei diesem großen Gebäude am Rande der Siedlung habe es sich um einen sogenannten „Bahnhof" gehandelt.

Neubaugebiet LIEBLOS

Doch obwohl die Ausgrabungen in diesem Teil der Siedlung schon recht weit fortgeschritten sind, steht die Forschung bis auf die erwähnte Grundannahme vor einem bislang ungelösten Rätsel: Erhalten sind, wie erwähnt, nur die Fundamente eines großen Gebäudes, ein, schließt man von den Grundmauern auf das gesamte Gebäude, durchaus solide gebautes, mindestens dreistöckiges Gebäude. Das Erstaunliche ist nun, dass wir aufgrund unserer Ausgrabungen mit Sicherheit sagen können, dass dieses Gebäude zu dem Zeitpunkt, als die Siedlung verschüttet worden ist, schon dem Erdboden gleich gemacht worden war. Da wir es aufgrund zahlreicher übereinstimmenden Quellen ausschließen können, dass um das Jahr 2000 ein Krieg die Ursache für die Zerstörung dieses großen Gebäudes gewesen ist, muss es wohl von den Einwohnern mutwillig dem Erdboden gleich gemacht worden sein. Ich hoffe sehr, dass wir diesem Rätsel noch auf die Spur kommen werden.

Der Vollständigkeit halber sei noch eine Hypothese erwähnt, die einer meiner Mitarbeiter kürzlich im „Journal of Archeological Studies" publiziert hat. Interessanterweise hat er nämlich einige Bruchstücke von Wänden ausgegraben, die deutliche Spuren künstlerischer Tätigkeit zeigen. Sie sind offensichtlich bemalt gewesen. Die Stilrichtung dieser Fragmente, so hat mein Mitarbeiter zeigen können, gleicht nun ziemlich genau dem, was man damals als „moderne Kunst" bezeichnet hat. Sollte sich diese Hypothese bewahrheiten, meine Damen und Herren, dann wäre das eine wissenschaftliche Sensation. Es würde sich um das erste bekannte Museum aus der Zeit handeln, das freskenähnliche „moderne Kunst" gezeigt hat.

Im oberen Teil des Ortes ergaben sich zum Erstaunen aller beteiligten Archäologen eigenartige Funde. Wir gruben Straßenschilder aus mit der Bezeichnung „HEIDEBR ...", und „... SCHLUNK ...", auch ein Fragment mit „... ÜR*ERA ..." war darunter. Die Namen harren noch ihrer Entzifferung.

Aber das ist nicht so wichtig wie die Entdeckung meines Kollegen Professor Müller aus Kassel:

In der Nähe eines Waldes, vielleicht handelte es sich um einen Park, lebten die Menschen in flachen Häusern, oft nur zu zweit und offensichtlich auch mit Hunden und Katzen, auch Mäuseskelette haben wir gefunden. Mit Tieren unter einem Dach? Heutzutage ist das schwer vorstellbar, aber damals war das wohl so üblich. Möglicherweise aber hat es sich bei dieser Flachdach-Siedlung um ein Experiment bezüglich einer Mensch-Tier-Koexistenz gehandelt, ein Experiment, das dann, wie Sie sich denken können, bald wegen der hygienischen Probleme abgebrochen worden ist.

Die Menschen in diesen Häusern müssen in ständiger Angst vor Angriffen gelebt haben, denn fast alle Häuser sind mit Zäunen und Mauern umgeben. Es kann natürlich auch sein, dass die betreffenden Menschen von hoher Bedeutung gewesen sind. Das wage ich nicht zu entscheiden.

Mittlerweile haben wir auch den südlichen Teil der Stadt ausgegraben. Aufgrund von Kleinfunden – die aufzuführen den Rahmen dieses Vortrages sprengen würden – sind wir uns sicher, dass dort in relativ kurzer Zeit am Ende des 20. Jahrhunderts mehrere außergewöhnlich hohe und für das sonstige Erftstadt-Lieblos durchaus untypische Großwohnhäuser errichtet worden sind. Diese Ausgrabungen sind noch nicht abgeschlossen, da sie sich aufgrund der engen Bebauung und der verwendeten Materialien ungewöhnlich schwierig gestalten.

Im Moment gehen wir von der Hypothese aus, dass die damaligen Stadtherren sich mit den Großwohnhäusern ein Denkmal setzen wollten. Wenig später aber müssen diese Stadtherren vertrieben worden sein, denn die Großhäuser sind zerstört worden. Einiges spricht auch dafür, dass man sie einfach sich selbst überlassen hat, worauf sie aufgrund der dünnen Wände und unsoliden Statik zusammengestürzt sind.

Ein Desiderat der Forschung, das mir besonders am Herzen liegt, sei zum Schluss noch erwähnt: Die Löcher. So bezeichnen wir einige Stellen in unmittelbarer Nähe der Siedlung Erftstadt-Lieblos, die offenbar von Menschenhand angelegt worden sind. Keine kleinen Löcher, sondern durchaus recht ausgeprägte Vertiefungen, die mehrere 100 Meter Durchmesser haben können. Spuren deuten darauf hin, dass diese künstlichen Vertiefungen teilweise mit Wasser gefüllt gewesen sein müssen. Aber wozu haben sich die Menschen um das Jahr 2000 diese Mühe gemacht? Trinkwasservorräte? Die Vermutung liegt nahe, aber die Wissenschaft ist sich sicher, dass es in der fraglichen Zeit keine ungewöhnlichen Trockenperioden gegeben hat. Keine einzige unserer Quellen spricht von einem Trinkwassermangel.

Nur um zu zeigen, auf welche abwegige Gedanken sogenannte Wissenschaftler kommen, die sich nur auf ein Detail konzentrieren, denen aber der Blick auf die großen Züge der Epoche fehlt, sei noch auf eine kürzlich erschienene Studie über die erwähnten Löcher verwiesen. Der Autor dieser Studie, die übrigens, wie ich aus sicherer Quelle weiß, auch von mehreren seriösen Fachzeitschriften abgelehnt worden ist, hat nämlich etwa 20 km entfernt von unserer Siedlung mehr zufällig ein Stück Mauer gefunden, auf dem deutlich zu lesen ist: „END COAL NOW!"

Daraus glaubt er schließen zu können, es sei in der fraglichen Zeit bei Lieblos Kohle abgebaut worden. Was ist davon zu halten? Nun, erstens hätte ihm auffallen müssen, dass die Aufschrift in englischer Sprache abgefasst ist. Nun wissen wir aus den Quellen zwar, dass in der Zeit um das Jahr 2000 tatsächlich eine größere Zahl von Einwohnern der englischen Sprache mächtig gewesen ist. Aber, so frage ich Sie: Warum hätte jemand, der damals das Ende des Kohleabbaus in dieser Gegend gefordert hätte, das in einer Sprache machen sollen, die längst nicht alle Menschen verstanden haben?

Konzedieren wir, dass es sich bei der Sache mit der Sprache um einen – wenn auch kaum erklärlichen – Zufall gehandelt haben mag. Der Punkt, auf den es mir ankommt, ist ein ganz anderer. Denn wenn jemand fordert, dass keine Kohle mehr abgebaut werden soll, muss ja bis zu diesem Zeitpunkt Kohle abgebaut worden sein. Das ist trivial. Und der Zeitpunkt, um den es geht, lässt sich aufgrund der üblichen Analysen recht genau eingrenzen: Die fragliche Aufschrift muss um das Jahr 2020 entstanden sein, wobei ich gerne 10 Jahre Messtoleranz konzediere. Nun wissen wir aber aus zahlreichen schriftlichen Quellen und auch aus gut gesicherten Ausgrabungen, dass schon um das Jahr 1960 herum in diesem Teil Europas eine ganze Reihe Kernkraftwerke in Betrieb gewesen sind, dass zudem Solar- und Windenergie in großem Maße genutzt worden ist. Warum, frage ich Sie, soll man um das Jahr 2020 herum noch mit großem Aufwand Kohle abgebaut haben, wenn die neue Technologie schon vorhanden und erprobt war – auf zugegebenermaßen noch recht primitivem Niveau, verglichen mit heute, aber immerhin im großtechnologischen Stil!

Erlauben Sie mir, dass ich etwas zuspitze: Aber solange rings um die Siedlung Lieblos kein Bagger ausgegraben wird, halte ich die Hypothese eines Kohleabbaus für abwegig.

Ich danke Ihnen für Ihre Aufmerksamkeit.

P.S. Die Ausgrabungen gehen weiter.

Es brennt!

Eingeweihte wissen, welche Orte im Folgenden gemeint sind. Anderen Lesern möchte ich es nicht zu einfach machen. Jeder sollte sich selbst die Mühe machen herauszufinden, wo sich die beiden Orte befinden. Aber Vorsicht, es könnte ja auch ihr Ort sein ...

Nun wäre ja eine Feindschaft zwischen Dörfern an sich noch nichts Besonderes, wissen wir doch alle, wie schwach wir Menschen sind. Doch Oberdorf und Unterdorf sind in eigentümlicher Weise durch ihre Feindseligkeiten verbunden.

Es ist eine Hassliebe, die erst aufgehört hat, als man einen neuen, gemeinsamen Gegner fand, das Neubaugebiet. Wir Oberdorfer haben als Braunkohledorf angefangen, die Unterdorfer einige Jahrhunderte vor uns. Die Römer, die von Köln über Lechenich und Zülpich nach Trier und weiter gezogen waren, haben das Unterdorf überhaupt noch nicht gekannt, weil man sich erst hinter Lechenich die ersten Blasen gelaufen hatte und zu einer Rast gezwungen war. Erst mit den Grafen Metternich, die ins Unterdorf ein Schloss bauten, konnte der Stolz der Unterdorfer sich entfalten.

In der alten Auseinandersetzung mit uns Oberdorfern muss man den Unterdorfern eins zubilligen: Sie haben Heimrecht, und jede Kampfhandlung ist für sie ein Heimspiel. Wir Oberdorfer stehen zwar unter dem Schutz der Heiligen Barbara und des Heiligen Donatus, doch mengenmäßig sind uns die Unterdorfer überlegen. Das gleichen wir wieder aus: Wir haben einen Bahnhof; sie haben einen Carl Schurz, der allerdings lange tot ist, wir haben einen lebendigen Fußballverein.

Der Streitigkeiten gibt es viele und vieles könnte man erzählen. Diesmal aber soll eine Episode genügen. Ein Vorfall, der sich an einem heißen Junitag in den fünfziger Jahren ereignet hat.

Ein sehr heißer Tag, die Quecksilbersäule wurde ganz lang und blau, zeigte 38 Grad an. Müßig zu spekulieren, ob sich das Feuer bei den Temperaturen hätte vermeiden lassen, denn es brannte nun einmal, und zwar lichterloh. Ein altes Haus drohte den Flammen zum Opfer zu fallen. Die Sirene ertönte. Im Oberdorf. Nur da? Nein, auch im Unterdorf.

Man wird sich fragen, warum in beiden Gemeinden gewarnt wurde. Nun, ein unglücklicher Umstand hatte es so gewollt, dass der Brandherd sich auf der Grenze zwischen beiden Dorfteilen befand. Und so eilte man hüben und drüben zu seinem Feuerwehrhaus. Die Feuerwehr des Oberdorfes raste bergab, die des Unterdorfs ein Stück bergauf.

Das Unvermeidliche traf ein. Beide Wehren trafen an der Brandstelle ein, die Oberdorfer, ich muss es zugeben, ein klein wenig später als die Unterdorfer. Der Brandmeister aus Oberdorf setzte seinen Kampfhelm auf, rückte sein Koppel zurecht und schritt finsteren Blicks auf die Unterdorfer Wehr zu. Der Brandmeister der Unterdorfer griff zur Vorsicht hinter sich und riss eine Sturmaxt aus der Halterung, die er demonstrativ schulterte, bevor er sich auf den Weg zur Verhandlung mit seinem leicht verspäteten Rivalen machte.

Nun standen sie sich gegenüber. Kräftige, ehrbare Feuerwehrleute, die ihre Aufgabe stets darin gesehen hatten, Brände zu löschen und Menschen zu schützen. Sie standen da: Aug in Aug, Unterdorf gegen Oberdorf. Wer würde nachgeben?

Der Chef der Unterdorfer Feuerwehr richtete noch einmal seine Uniform, dann dröhnte er seinem Todfeind entgegen: „Haut ab, dat is unser Feuer!"

„Quatsch", antwortete der Oberdorfer Feuerwehrchef nicht eben diplomatisch, „siehst du dann nit, dat die Flamme und der Quallem no owwe trecke? Dat is unser Feuer!"

So ging es eine Weile, Behauptung stand gegen Behauptung, keiner gab nach. Wieso auch, denn beide Seiten hatten ja gute Argumente. Außerdem wäre Nachgeben als Schwäche ausgelegt worden und ein Feuerwehrchef darf angesichts eines Brandes keine Schwäche zeigen. Das leuchtet ein. So wurde in der Vergangenheit gewühlt.

„Wenn mir damals net jewese wöre, als ür Amtsjebäude gebrannt hät, dann hättet ür jetz ene freie Platz mie in ürem fiesen Ungerdörep", sagte der Oberdorfer Feuerwehrchef.

„Und wat es mit ürem Fabrikbrand? Wenn mir nit jewese wöre, hätt ür die janze Winter ohne Klütte doh jesesse, ihr Knallköpp! Maaht dat ür heem kott, dat es und bliev oser Füer", war die ebenso klare wie kränkende Antwort des Unterdorfers.

Keiner der Feuerwehrleute bemerkte, dass es Nachbarn und einigen Passanten mittlerweile gelungen war, mit Wassereimern und einem geschickt eingesetzten Gartenschlauch dem Brand ein Ende zu setzen.

Dem Kassenwart der Kameradschaftskasse von Unterdorf nur ist es zu verdanken, dass man sich einigte, ohne die Sturmäxte zu Hilfe zu nehmen. Er trat mutig zwischen die beiden und machte einen grandiosen Vorschlag, der sonst niemandem in den Sinn gekommen wäre: „Löscht doch zusammen!"

Von so viel Klugheit überwältigt begaben sich beide Feuerwehrchefs zu ihren Leuten und erteilten die notwendigen Kommandos. In Windeseile ergoss sich über das längst nicht mehr brennende, aber doch noch leicht rauchende Haus eine Menge Wasser. Jeden potentiellen Brandherd im Keim ersticken, hatten beide Feuerwehren in der Ausbildung gelernt. Zudem ging es ums Prinzip. Beide zeigten, was sie konnten, versuchten, die anderen in der Wasserleistung zu überbieten. Man achtete immer weniger auf das Haus, das mittlerweile im Besitz eines Kellerschwimmbades war, und spritzte, was die Schläuche hergaben.

Leitungen wurden gelegt, der Wassergraben um das Schloss war dank des Einsatzes der Unterdorfer Wehr um einen Kilometer verlagert worden. Karpfen schnappten noch eine Weile nach Luft, gaben aber bald auf.

Die Oberdorfer hatte mithilfe eines ausgeklügelten Rohrsystems einen Waldsee in eine Moorlandschaft verwandelt. Der ganze Segen ergoss sich über das alte Haus. Die Fundamente gaben ihr Bestes, konnten aber den selbstlosen Feuerwehrleuten nicht mehr lange Widerstand leisten.

Es störte auch niemanden, als der Giebel des alten Hauses, der noch einige Minuten aus dem neu entstandenen Teich herausgeschaut hatte, endlich untertauchte. Das Feuer war jedenfalls aus, und zwar mithilfe beider Feuerwehren.

Nun gut, man hatte mit den Wassergüssen die Landschaft ein wenig verändert. Böse Zungen behaupten, auf das arme Haus und die Umgebung sei an diesem Tag die Regenmenge von acht Jahrzehnten niedergeprasselt, das mag etwas übertrieben sein, aber fest steht, dass es Jahre gedauert hat, bis jener Garten auf der Grenze zwischen Oberdorf und Unterdorf wieder mit etwas anderem bepflanzt werden konnte als mit Reis.

Zum Dank für die gelungene Aktion stiftete die Amtsverwaltung ein Holzkreuz, das heute noch am Tatort zu sehen ist. Es heißt das „Spürkerkreuz".